Erschöpfte Kirche?

KIRCHE IM AUFBRUCH
Reformprozess der EKD

Herausgegeben vom Kirchenamt der EKD
Band 18

Erschöpfte Kirche?

Geistliche Dimensionen in Veränderungsprozessen

Im Auftrag des
Zentrums für Mission in der Region

herausgegeben von
Juliane Kleemann und Hans-Hermann Pompe

 EVANGELISCHE VERLAGSANSTALT
Leipzig

Bibliographische Information der Deutschen Nationalbibliothek
Die Deutsche Nationalbibliothek verzeichnet diese Publikation in der
Deutschen Nationalbibliographie; detaillierte bibliographische Daten
sind im Internet über http://dnb.dnb.de abrufbar.

© 2015 by Evangelische Verlagsanstalt GmbH · Leipzig
Printed in Germany · H 7973

Das Buch wurde auf alterungsbeständigem Papier gedruckt.

Gesamtgestaltung: Kai-Michael Gustmann, Leipzig
Coverbild: © Agentur jungepartner, Witten
Druck und Binden: Hubert & Co., Göttingen

ISBN 978-3-374-04128-2
www.eva-leipzig.de

Inhalt

Geist und Geld

Geist und Leitung

Einführung: Geist und Erschöpfung

Die unsichtbaren Steuerzeichen des Neuaufbruches

Seit 2009 ist das Team des EKD-Zentrums für Mission in der Region (ZMiR) in ganz Deutschland unterwegs: In Landeskirchen und Kirchenbezirken, in Pfarrkonventen und Ältestentagen, in regionalen oder Landessynoden, in Pilotregionen und Strategieentwicklungen, bei Fortbildungen und Tagungen. Eine Reaktion tauchte bei allen Unterschieden in Mentalität, Theologie, Frömmigkeit oder Bekenntnis flächendeckend in allen Landeskirchen auf, sowohl bei Haupt- wie bei Ehrenamtlichen: „Bitte nicht noch mehr! Wir können nichts mehr zusätzlich, wir sind schon mit dem laufenden Geschäft bis an unsere Grenzen gefordert."

Ist unsere Kirche zu erschöpft zum Aufbruch, zur Reformation, zur Veränderung? Dann wäre die zurückgegangene Ausstrahlungskraft evangelischer Gemeinden und Kirche auch eine Folge von Überarbeitung, Frustrationen, falschen Prioritäten und gesunkener Motivation der Verantwortlichen. Als einzige Erklärung reicht dies sicher nicht aus, hohen Einfluss auf den Rückgang der Kirche haben heftige gesellschaftliche Veränderungen in der Postmoderne, die jahrhundertelange Bewegung der Säkularisierung und andere Faktoren. Aber als eine Art Stellhebel kirchlicher „Selbstsäkularisierung" (W. Huber) spielt der Umgang mit Erschöpfung für die Kirche eine Schlüsselrolle: Mit müden und resignierten Menschen ist es schwer, Veränderung anzupacken, Aufbruch zu wagen, Neues umzusetzen. Müdigkeit und Erschöpfung spielen einen unüberhörbar traurigen Basso continuo zu jedem fröhlichen Aufbruchsmotiv. Wo sie ignoriert oder mit erhöhtem Druck bekämpft werden, melden sie sich umso heftiger zurück, als Ablehnung oder Verweigerung, als Überarbeitung oder Burnout.

Der Heilige Geist ist Quelle von Kraft, Liebe und Besonnenheit (2Tim 1,7). Deshalb gehören Erschöpfung und Neuaufbruch, notwendige Veränderung und neue Kraft zusammen. Insofern reicht es nicht, ausschließlich oder zuerst an den Stellschrauben von Strukturen, Pfarrbildern, Aufgabenbeschreibungen, Wochenarbeitszeiten und Dienstanweisungen zu drehen, ohne nach den geistlichen Dimensionen zu fragen. Motivation aus Kraft, Liebe und Besonnenheit ist ein zutiefst geistliches Geschehen: Unserer Kirche mangelt es weniger an Ideen, Reformen oder Beschlüssen als an Bitte um den Geist, an Erwartung seines Wirkens und an Erfahrungen seiner Kraft.

Die Texte dieses Bandes sind im Umfeld der Jahrestagung 2014 des ZMiR im alten Kloster Drübeck (Nordharz) entstanden. Die Form der Tagung sollte dem Inhalt entsprechen: Wer an einem geistlich geprägten Ort mit dessen Angeboten von Gottesdienst, Gebet und Stille einkehrt, gibt der uralten Tagesstruktur auch Einfluss auf Ablauf und Inhalt der Tagung. So stehen im Hintergrund dieser Texte Erfahrungen von Unterbrechung und Singen, Hören und Beten, gemeinsamen Wegen und Schweigen, Sehnsucht und Segen, geschwisterlichem Austausch und gegenseitiger Stärkung.

In Computer-Schreibprogrammen gibt es einen Button, um unsichtbare Steuerzeichen sichtbar zu machen: Sie zeigen die innere Struktur der Texte an, die Abstände, die Absätze und die Umbrüche. Der Heilige Geist schreibt so etwas wie die unsichtbare Grammatik der Kirche. Er wirkt den Glauben, wann und wo er will, er leitet die Kirche in all ihrer Menschlichkeit und Fehlerhaftigkeit: hominum confusione et dei providentia, im Ineinander von menschlichem

Chaos und göttlicher Vorhersehung, wie die Schweizer sagen. Wir haben keinen Button verfügbar, um das Wirken des Geistes nach unserem Willen sichtbar zu machen geschweige denn an- oder abzuschalten – der Geist weht, wo er will. Das ist der *uns entzogene Akzent dieses Themas*.

Aber das Wirken des Geistes ist eingegraben in Erfahrungen aus Kirchengeschichte und Gegenwart, ist aus vielen biblischen Texten erkennbar. Da sind Menschen wie Mose und die 70 Ältesten, die Leitungsgeist teilen, Debora oder Saul, die in Krisen eingreifen, Jesus, der vom Geist in die Wüste der Versuchung geführt wird, Paulus, der nach Lukas vom Geist in seinem Masterplan gehindert und auf andere Wege geführt wird. In der Geschichte Israels wie der Kirche hat sich dieses Wirken über Jahrhunderte gezeigt: Offensichtlich lässt der Geist es sich nicht nehmen, auf die ihm eigene Weise Abstände zu markieren, Absätze zu erzeugen und Umbrüche einzuleiten. Wir können Gottes Geist nicht instrumentalisieren geschweige denn domestizieren, aber wir dürfen um ihn bitten, mit ihm rechnen und aufmerksam werden für seine leisen Einsprüche und Einwürfe. Und dann sollen wir weise unterscheiden, was Wirken Gottes und was Auftrag des Menschen ist, damit wir uns weder an Gottes Werk verheben noch um unser Werk drücken. Das ist der *uns zugängliche Akzent des Themas*. Ihm spüren die Beiträge dieses Buches nach.

Kaum jemand hat Erschöpfung im Pfarrdienst so gründlich analysiert wie *Andreas von Heyl*. Der Neuendettelsauer Praktologe ordnet pastorale Erschöpfung in die gesellschaftlichen Rahmenbedingungen ein: Die Stressgesellschaft lässt auch das Leben vieler in der Kirche durch Beschleunigung oder Terminüberflutung aus dem Lot geraten. Umso wichtiger werden die Konzentration auf den hellen Schein der Berufung, wechselseitige Solidarität und Erneuerung durch

Achtsamkeit. – *Christhard Ebert*, Referent im ZMiR, fokussiert auf die organisationale Überforderung: Kirche als Institution wird in zunehmender Komplexität immer hilfloser agieren, wenn sie nur Altes festhält. Erst als gottoffenes System kann sie Blockaden überwinden und dem Geist Raum geben, nur mit organisationaler Achtsamkeit kann sie bewusster mit ihrer Seele, ihren Werten, ihren Strukturen und ihren Beziehungen umgehen. – Die Kieler Praktologin *Sabine Bobert* forderte die Tagung heraus mit den Schritten eines gemeinsamen geistlichen Weges: Christentum ist nicht zuerst Lehre, sondern Lebenspraxis. Stellvertretend für diesen Tagungsweg erscheint hier ihre Einführung in das Programm ‚Coaching mit MTP‘ (Mental Turning Point) als praktische Übung in angewandter Mystik. Die Übungen von Bobert zielen auf Selbstwahrnehmung, Selbststeuerung, Selbstbeziehung und objektive Wahrnehmung: ‚Gott‘ ist nie abstrakt, sondern wird diesseitig erlebt.

Kommunikation, Geld und Leitung sprechen drei ekklesiologische Schlüsseldimensionen von Veränderung an. *Kristina Kühnbaum-Schmidt*, Pastoralpsychologin und Pröpstin, reflektiert kirchliche Kommunikation als Förderung von und Anleitung zu Vertrauen aus der vertrauenden Zuwendung Gottes: Rahmenbedingungen für Vertrauen zu verbessern, ist Leitungsaufgabe. – *Hans-Hermann Pompe*, Leiter des ZMiR, fragt nach gelingender Kommunikation als Werk des Geistes: Sie kann Hoffnung sichtbar werden lassen und angesichts von gesellschaftlichen Dystopien das Evangelium als Hoffnung in Aktion beglaubigen. Wo Leitung Kreativität weckt und fördert, setzt sie interne Entwicklung und externe Neugier in Gang. – Der englische Bischof *John Finney* hat mit seiner These ‚money talks‘ neues Denken angestoßen. In der anglikanischen Kirche haben die zurückgehenden Finanzmittel hohe verändernde Kraft bewiesen.

Sie führten zu missionarischen Prioritäten, zur Ausweitung des ehrenamtlichen Dienstes und zu neuen Ausdrucksformen von Gemeinde. – Die badische Finanzdezernentin *Barbara Bauer* skizziert den Kirchenkompass ihrer Landeskirche als Instrument, um notwendige Anpassungen durch klare Fokussierungen zu ermöglichen. – *Peter Burkowski*, Leiter der Berliner Führungsakademie für Kirche und Diakonie, fragt nach der unsichtbaren Organisationsgrammatik der Kirche, um Halt, Haltung und Verhalten in Leitungsaufgaben als Leitungsverantwortung zu fokussieren. – Ein Experiment aus Waren (Müritz) fordert heraus: Eine Kirchengemeinde verordnet sich ein Sabbatjahr, um der Überlastung entgegenzuarbeiten, die Freude neu zu entdecken und das Sabbatgebot in allen Bereichen neu zu deklinieren. Im Rückblick des Gemeindepastors *Leif Rother* leuchtet auf: Entlastendes, Aufkeimendes und Beendetes schenken eine Neuorientierung, die das leise Wirken von Gottes Geist in einer Fülle von Impulsen vernehmbar macht.

Wir wünschen Ihnen die Neugier, Erschöpfung oder Überforderung nicht das letzte Wort zu überlassen: Erneuerte geistliche Kraft gibt immer ein Zukunftssignal.

Juliane Kleemann und Hans-Hermann Pompe
Dortmund, im Juli 2015

Grundlagen

Andreas von Heyl

Erschöpfung im pastoralen Dienst

Lassen Sie mich vorweg einen Satz zu meiner Person sagen: Ich war 18 Jahre lang Gemeindepfarrer und 13 Jahre Klinikpfarrer. Nur, damit Sie wissen, dass ich durchaus aus eigener Erfahrung um die Erschöpfung im pastoralen Amt weiß – aber auch etwas von der Überwindung dieser Erschöpfung und der Wiederauferstehung zu neuem Leben.

Mein Fachgebiet an der Augustana-Hochschule in Neuendettelsau ist die Praktische Theologie, und dort vertrete ich die Themenbereiche Seelsorge, Pastoralpsychologie, Arbeitsgesundheit im pastoralen Amt und allgemeine Theorie des Gesundheitswesens. Die Seelsorge liegt mir am meisten am Herzen. Ein eherner Grundsatz in der Seelsorge lautet: „Wahrnehmen und Annehmen"[1]. Und diese beiden Grundhaltungen sind, glaube ich, gerade im Zusammenhang mit der Erschöpfungsproblematik besonders wichtig. Es gilt, zunächst einmal wahrzunehmen, was mit einem los ist, und dies dann anzunehmen. Erst wenn beides erfolgt ist, können die Dinge sich auch wieder verändern. Leider ist es so, dass viele, die bereits tief in der Abwärtsspirale der Erschöpfung gefangen sind, die partout nicht wahrhaben wollen und meinen, mit Aktionismus, ja dann oft blindem Aktionismus, könnten sie den Kräften, die sie zu Boden ziehen, entkommen. Dabei verbrauchen sie aber weitere Kraft, und der Erschöpfungsprozess nimmt zu. Leider kann ihnen oft

---

1   Vgl. Dietrich Stollberg, Wahrnehmen und Annehmen. Seelsorge in Theorie und Praxis, Gütersloh 1978.

erst dann geholfen werden, wenn sie ganz am Boden liegen. Und die Hilfe, die dann – meistens in einer Burn-out-Klinik oder in einer psychiatrischen Einrichtung – einsetzt, beginnt damit, dass man den Betroffenen darin beisteht, wahrzunehmen und anzunehmen, was mit ihnen geschehen ist.

Versuchen wir also zunächst einmal wahrzunehmen, was es mit der Erschöpfung als einer zentralen Befindlichkeit unserer Zeit auf sich hat. Und versuchen wir, es nicht gleich wieder wegzudiskutieren oder zu verharmlosen, sondern uns dieser Entwicklung zu stellen.

Lassen Sie mich in diesem Zusammenhang zunächst einmal feststellen: Kirche kann nicht getrennt von der Gesellschaft wahrgenommen werden, in die sie eingebettet ist. Ein zentrales Charakteristikum, das den postmodernen Gesellschaften in den westlich orientierten Industriegesellschaften von vielen Kulturanthropologen, Sozialwissenschaftlern, Medizinern und Psychologen attestiert wird, ist aber in der Tat die Erschöpfung. Die erschöpfte Kirche muss also wahrgenommen werden auf dem Hintergrund der erschöpften Gesellschaft. Darum werde ich meine Überlegungen jetzt zunächst auf die gesellschaftliche Erschöpfung fokussieren und erst dann zur Erschöpfung im pastoralen Dienst übergehen.

Der pastorale Dienst geschieht innerhalb der erschöpften Gesellschaft. Kirchliche Mitarbeitende sind wie alle Menschen Kinder ihrer Zeit. Ein Teil ihrer Erschöpfung resultiert aus den Lebens- und Arbeitsbedingungen unserer Gesellschaft. Und ich sage bewusst „kirchliche Mitarbeitende", weil ich den pastoralen Dienst weiter fasse als nur im Blick auf Pfarrerinnen und Pfarrer. Für mich wird der pastorale Dienst von allen ausgeübt, die in der Kirche mitarbeiten zum Wohle Gottes, Gemeindepädagoginnen, Diakone, Religionspädagoginnen, Organisten, Ehrenamtliche und Hauptamtliche. In der katholischen Kirche spricht man von der Pastoral, wenn man die gesamte Wirksamkeit der Kirche in der Gesellschaft im Blick hat. In der Pastoral sind ganz verschiedene Ämter mit verschiedenen Funktionen tätig, die aber alle ihre Aufgabe darin sehen, den Geist Christi in der Welt voranzubringen.

Die Stressgesellschaft

Wir leben, und darin sind sich alle Soziologen einig, immer mehr in einer Stressgesellschaft. Die Techniker Krankenkasse hat schon vor fünf Jahren in einer repräsentativen Untersuchung erhoben, dass etwa 80 Prozent der Deutschen ihr Leben als stressig empfinden. Vor allem diejenigen, die die Zukunft bauen werden, die Generation zwischen 30 und 45 etwa, fühlt sich besonders erschöpft. Der Druck nimmt zu. Die WHO prognostiziert, neben anderen Erkrankungen werden auch die stressbedingten Gesundheitsstörungen zu den Hauptkrankheiten des 21. Jahrhunderts gehören. Die WHO rechnet damit, dass im Jahr 2020 jede zweite Krankschreibung mit Stress zu tun haben wird oder aufgrund von Stressfolgen.[2] Nach einer neueren Untersuchung der Techniker Krankenkasse werden bereits bei jedem fünften Erwerbstätigen psychische Störungen diagnostiziert – vor allem Störungen aus dem depressiven und psychosomatischen Formenkreis.[3] Gegenwärtig leiden ungefähr vier Millionen Bundesbürger unter behandlungsbedürftigen Depressionen. Das klingt bei einer Bevölkerung von 80 Mil-

---

2 Vgl. Irmhild Poulsen, Stress und Belastung bei Fachkräften in der Jugendhilfe: Ein Beitrag zur Burnoutprävention, Wiesbaden 2012, 13.

3 Quelle: Pressemappe der TK vom 28.1.2011, in: <www.presseportal.de//pm/6910/1756330/tk_techniker_krankenkasse>.

lionen zunächst sehr wenig, aber wenn man bedenkt, dass jeder einzelne Depressive in einem Beziehungsgeflecht von etwa fünf bis zehn Angehörigen, Freunden und Bekannten lebt, erhöht sich die Zahl der Betroffenen natürlich eklatant. Wer selbst schon einmal mit einer Depression oder einem depressiven Menschen zu tun hatte, weiß, dass die Depression oft geradezu dämonische Kräfte ausübt. Sie ist wie ein schwarzes Loch, sie kann die emotionale Energie eines gesamten Familienverbandes im Laufe der Zeit aufsaugen.

Stressbedingte Gesundheitsstörungen zeigen sich natürlich auch in vielerlei körperlichen Beschwerden, chronischen Kopf-, Magen- oder Rückenschmerzen, Schlaflosigkeit, Tinnitus u.v.m. Aber in den letzten Jahren nehmen eben gerade die psychischen Erkrankungen in so besorgniserregendem Maße zu. Eine der prominentesten psychischen Stressfolgen ist gegenwärtig das Burn-out-Syndrom. Hier gilt es freilich zu berücksichtigen, dass da auch ein gewisser Self-Fulfilling-Mechanismus mit im Spiel ist. Vor allem die großen Printmedien haben das Thema Burn-out vor einigen Jahren als kassenträchtiges Hauptthema entdeckt und reißerische Titelgeschichten mit eindrucksvollen Titelbildern in ihre Zeitschriften gebracht. Die Auflage dieser Hefte war nachweisbar höher als die anderer Publikationen aus dem jeweils gleichen Verlag.

Ein Soziologe, Hartmut Rosa, hat sich etwa vor sechs oder sieben Jahren habilitiert mit einer sehr gelehrten Arbeit über das Thema Beschleunigung.[4] Zweifellos ist diese exorbitante Beschleunigung aller Lebensbereiche, die immer mehr zunimmt, mitverantwortlich dafür, dass sich Menschen so gestresst fühlen. Er sieht zwei große Beschleuni-

---

4 Hartmut Rosa, Beschleunigung. Die Veränderung der Zeitstruktur in der Moderne, Frankfurt a. M. 2005.

gungsschübe in den letzten 100 Jahren mit gravierenden sozialen Folgen. Der erste war die industrielle Revolution mit der Eisenbahn, dem Auto und was dazugehört. Die zweite ereignete sich vor wenigen Jahren. Und dieser Beschleunigungsschub gewann „raumgreifende Durchschlagskraft vor allem aus dem Zusammentreffen dreier historischer Entwicklungen um 1989: Sowohl die *politische Revolution* jenes Jahres – der Zusammenbruch der DDR und des Sowjetregimes und die politische und ökonomische Öffnung der osteuropäischen Staaten – als auch die insbesondere durch die Etablierung des Internet (und den Ausbau des Satellitenfernsehens) forcierte *digitale Revolution*, die sich kurz danach auch zu einer *mobilen Revolution* erweiterte, indem sie mikroelektronische, ortsungebundene kommunikative Erreichbarkeit ermöglichte ...".[5]

Die Digitale Revolution

Tatsächlich trägt die Digitale Revolution, die einerseits auch durchaus segensreich war, zur Vermehrung des gesellschaftlichen Stresses bei. Manche Menschen bekommen heutzutage beruflich schon mehr als 100 E-Mails, die man während der Arbeitszeit eigentlich gar nicht beantworten kann. Was machen sie? Sie nehmen einen Teil der E-Mails mit nach Hause, um sie dort abzuarbeiten. Eine andere Folge dieser unaufhaltsamen elektronischen Vernetzung besteht darin, dass der Einzelne immer besser erreichbar wird. Die klare Trennung zwischen Arbeitszeit und Freizeit wird dadurch aufgeweicht, der geschützte Raum der Privatsphäre aufgebrochen, der Feierabend, manchmal sogar der Urlaub,

---

5   Rosa, a. a. O. 82 f.

verliert seine Selbstverständlichkeit und Unverletzlichkeit. 29 Prozent der Berufstätigen sind inzwischen jederzeit, auch außerhalb ihrer regulären Arbeitszeit, für Kollegen, Vorgesetzte oder Kunden erreichbar.[6] Und das führt dazu, dass die Leute nicht mehr innerlich zur Ruhe kommen, dass sie vibrieren, denn jeden Moment kann es wieder losgehen. Ich habe das selber als Klinikpfarrer am deutlichsten erlebt, wenn ich Rufbereitschaft hatte. Dann hatte man so einen Piepser, und der konnte halt jeden Moment losgehen. Noch schlimmer war es bei der Notfallseelsorge. Da hatte man einen Europiepser, und man wusste, wenn das Ding losgeht, dann ist etwas Schreckliches passiert. Und oft passieren die schrecklichen Dinge im Dunkeln, in der Nacht. In der Woche, in der ich Dienst hatte, konnte ich eigentlich überhaupt nicht mehr richtig schlafen und habe nur noch gebannt auf dieses Ding geschaut.

Teenager in den USA empfangen täglich in etwa 3500 Textnachrichten über SMS oder Twitter oder über andere technische Möglichkeiten, die es heute noch so gibt.[7] Das sind, rechnet man die Zeit für das Schlafen ab, stündlich sieben bis acht Mitteilungen, und die wollen sie ja auch beantworten. Wer von Ihnen Religionsunterricht erteilt, merkt es auch, wenn die Kids ständig unter der Bank auf ihr Smartphone gucken. Man will eine Andacht machen und fängt an: „Wir sind jetzt einen Moment still und achten auf unseren Atem!" Dann rüttelt es bei einem in der Hosentasche, der zieht das Smartphone schnell hervor, um nachzuschauen – und schon ist die Andacht dahin. Viele sind dazu übergegangen, die Handys vor dem Unterricht einzusammeln – aber dann kommen die Eltern und reden von Diebstahl oder vom

---

6   Quelle: Nielsen, zit. nach: Der Spiegel Nr. 27, 02.07.2012, 69.

7   Quelle: Bitkom, zit. nach: Der Spiegel, a. a. O., 73.

Recht ihres Kindes auf freie Entfaltung. Das ist wirklich ein großes Problem, und es verändert irgendwie auch die Sozialformen. Ich will jetzt hier nicht Technik-Bashing machen, denn ich empfinde das Handy als eine hilfreiche Erfindung; aber wenn es dann dazu führt, dass die Menschen zwar zusammen sind, aber überhaupt nicht mehr beieinander, dann ist irgendetwas falsch gelaufen. Sie brauchen doch nur mal auf dem Bahnhof oder auf belebten Plätzen zu gucken. Jeder Zweite fummelt an so einem Apparat herum, oder er hat einen Knopf im Ohr oder redet. Man denkt dann: „Spinnt der? Führt der Selbstgespräche?" Dann sieht man erst, dass der den Knopf im Ohr hat und mit seinem Handy spricht.

Der Mensch ist aus dem Lot geraten

Hektik und Unruhe sind die Geißeln unserer Zeit. Das zappelnde, aufmerksamkeitsgestörte Kind, der gehetzte, mit einem Tunnelblick durchs Leben stürzende Erwachsene: Sie alle sind Grundfiguren der Gegenwart. Der Mensch ist aus dem Lot geraten. Schon in den 50er Jahren war mit Blick auf die moderne Gesellschaft die Rede vom Verlust der Mitte als Symptom und Symbol unserer Zeit. Heute sprechen Psychologen und Psychiater, z.B. der bekannte amerikanische Psychiater Jon Kabat-Zinn, davon, dass ganze Teile der Bevölkerung, vor allem in den Industrienationen, im Wortsinne ‚bewusstlos' geworden sind. Sie haben das Bewusstsein ihres Selbst verloren, sind außer sich geraten, taumeln, eingehüllt in einen Teppich, millionenfache Außenreize, besinnungslos durch ihre Tage. Das klingt jetzt sehr pointiert, aber ich kann mit dieser Zeitdiagnose etwas anfangen.

Vor etlichen Jahren schon hat ein französischer Soziologe, Alain Ehrenberg, einen Klassiker geschrieben: „Das erschöpfte Selbst – Depression und Gesellschaft in der Gegenwart".[8] In diesem Buch zeigt er auf, dass die Depression zur Hauptkrankheit unserer Zeit geworden ist. Die wachsende Ausbreitung von Depressionen, der steigende Konsum von Antidepressiva und die Zunahme von Alkoholabhängigkeit in den westlichen Gesellschaften sind für Ehrenberg Reaktionen auf die allgegenwärtige Erwartung eigenverantwortlicher Selbstverwirklichung. Ehrenberg sagt: „In der postmodernen pluralen Gesellschaft ist das Individuum darauf angewiesen oder gehalten, selbst seinen Platz in der Gesellschaft zu finden oder sich selbst zu vermarkten, und das übersteigt die Kräfte von vielen!" „Damit hat das Projekt der Moderne, nämlich die Befreiung aus überkommenen Bindungen und Traditionen eine paradoxe Verkehrung erfahren. ... Die Depression (ist) die Kehrseite einer kapitalistischen Gesellschaft, die das authentische Selbst zu einer Produktivkraft macht und bis zur Erschöpfung fordert."[9]

Burn-out

Burn-out wird von den meisten Medizinern als eine Sonderform der Depression eingeschätzt, als eine reaktive Depression. Und wie bei allen Arten der Depression erleben die Betroffenen einen fortschreitenden Prozess der Einengung, der Entfremdung, der Lähmung und des Verlustes. Ein anderer Soziologe hat einmal treffend das Selbstgefühl vom Ausbrennen betroffener Menschen auf den Punkt gebracht: Eva M. sei roboterhaft gewesen, heißt es in einer Fallge-

---

8   Alain Ehrenberg, Das erschöpfte Selbst – Depression und Gesellschaft in der Gegenwart. Frankfurt a. M. 2008.

9   Ehrenberg, a. a. O. 2.

schichte. „Morgens schaltete sie das Gerät ein, das bis vor kurzem sie selbst gewesen war, ließ es aufstehen, ließ es das Kostüm anziehen, ferngesteuert die Haare zu einem Knoten hochstecken, in die Bahn steigen und in die Firma fahren, ließ es lächeln."[10] Besser kann man die Entfremdung kaum beschreiben.

Seelenverlust

Im asiatischen Bereich gibt es noch einen anderen Begriff für das, was wir Burn-out nennen, den ich sehr viel tiefgehender finde. Dort spricht man vom „Seelenverlust". Und der Seelenverlust, dieses Erlöschen des inneren Selbst, ist tatsächlich das Kennzeichen der Depression und auch der reaktiven Depression. Das sagen viele Depressive, dass sie nicht mehr fühlen können, dass sie nicht mehr handeln können. Sie fühlen sich wie Steine. Mir kommt dabei das Jesus-Wort in den Sinn: „Was hilft es dem Menschen, wenn er die ganze Welt gewinnt und nimmt doch Schaden an seiner Seele?" (Mt 16,26) Vielleicht nehmen wir deswegen Schaden an unserer Seele, weil wir so leben und arbeiten, wie wir es tun? Vielleicht ist das eine Strafe im Sinne des alttestamentlichen Tun-Ergehen-Zusammenhangs, dass bei uns immer mehr Menschen krank werden, weil wir in einer Weise unser Leben gestalten, die der Schöpfungsordnung widerspricht?

---

10 Zit. bei: Ulrich Bröckling, Der Mensch als Akku, die Welt als Hamsterrad. Konturen einer Zeitkrankheit, in: Sighart Neckel/Greta Wagner: Leistung und Erschöpfung. Burnout in der Wettbewerbsgesellschaft, Berlin 2013, 179–200, 187.

Die Erschöpfung im pastoralen Dienst

Schauen wir nun auf die Erschöpfung im pastoralen Dienst. Der seit zwei Jahren emeritierte bayerische Landesbischof, Johannes Friedrich, hat im letzten Jahr seines Dienstes auf vielen gedruckten, medialen und verbalen Kanälen noch einmal deutlich gemacht, dass der Pfarrberuf der schönste Beruf der Welt sei. Das stimmt auch, das kann ich bestätigen. Es gibt nur wenige Berufe, die so vielfältig sind, die so nah am Menschen arbeiten und die auch noch eine so frohe Botschaft verbreiten können wie unser Beruf. Dennoch kenne ich etliche Kolleginnen und Kollegen, vor allem im Gemeindedienst, die da ein dickes Fragezeichen druntersetzen würden. Die fühlen sich eher so wie hier auf diesem Bild:

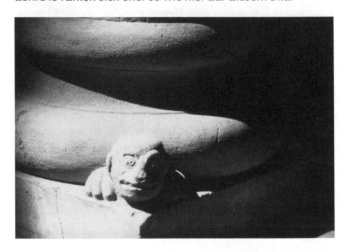

Im Mittelalter haben die Baumeister manchmal unter die Säulen der Kathedralen Dämonenfiguren gequetscht, um deutlich zu machen: Die Macht der Dämonen ist gebrochen.

Heute fühlen sich nicht wenige Pfarrerinnen und Pfarrer gequetscht unter einer dämonischen Last von Verpflichtungen, die sie alle erfüllen sollen. Und es wird immer noch mehr. Vor drei Jahren war ich als Hauptreferent zur Jahresversammlung der ‚Unständigen' eingeladen. So heißen in Württemberg die Pfarrer und Pfarrerinnen im Probedienst am Anfang des Berufslebens. Die jungen württembergischen Pfarrer haben sich auch schon mit dem Burn-out beschäftigt: „Dienet dem Herrn mit Freuden. Nur wie lange? Burnout und Pfarrberuf". Auf ihr Einladungsplakat haben sie diese launige Grafik gesetzt:

Ich finde die Grafik toll, aber als Zuständigen für die Pfarrerinnen und Pfarrer im Probedienst meiner bayerischen Kirche macht mich diese Bildwahl schon nachdenklich. Ich habe dann gesagt: „Wenn ihr euch mit solchen Bildern schon am Anfang eures Berufslebens identifiziert, wie wollt ihr denn dann 35 Jahre lang durchhalten? Das ist ja grauenhaft!"

Der Pastoraltheologe Eberhard Winkler hat schon vor bald 20 Jahren die Situation, diesen Spagat, der vielen Pfarrerinnen und Pfarrern heutzutage so zusetzt, auf den Punkt gebracht, als er sagte: „Die geistliche und seelische Situation der deutschen Pfarrer wird durch den Widerspruch belastet, dass sie einerseits unter einem Überlastungssyndrom leiden, weil immer neue und höhere Anforderungen an sie herangetragen werden, und andererseits sich die Mehrheit der Menschen in zunehmendem Maße an ihrer Arbeit desinteressiert zeigt."[11]

Lassen Sie mich nun einige Faktoren benennen, die zur Erschöpfung der Pfarrschaft beitragen. Pfarrer und Pfarrerinnen haben nach wie vor eine ziemlich hohe Arbeitszeit. Die jüngste Arbeitszeitstudie ist fünf Jahre alt, sie wurde in der hessischen Kirche erstellt von Dieter Becker. Danach arbeiten die Pfarrer in Hessen und Nassau durchschnittlich 63,5 Stunden. Immer wenn ich das sage, erheben die Kolleginnen und Kollegen Einspruch, nach dem Motto: „Stimmt doch gar nicht, ich brauche doch gar nicht so viel Zeit!" Ist ja schön, wenn es so ist. Und tatsächlich haben wir ja auch Saisonarbeit. Im Winterhalbjahr ist immer wesentlich mehr zu tun als im Sommerhalbjahr. Aber zwischen 55 und 60 Stunden in der Woche pendelt sich das oft ein. Dann sind da die häufigen Abendtermine, was für die Familie und auch für den eigenen Energiehaushalt nicht sehr zuträglich ist.

---

11 Eberhard Winkler, Artikel Pfarrer II. Evangelisch, in: TRE 26 (1996), 360–374.

Zudem ist die Arbeitszeit oft zerstückelt. Wenn der Pfarrer 25 Minuten lang in die Schule fährt, die sich im nächsten Ort befindet – ist das Arbeit oder nicht? Oder wenn die Pfarrerin bei der 90-jährigen Dame zum Geburtstag erscheint und da ein Stück Schwarzwälder Kirschtorte essen darf, ist das Arbeit oder nicht? Das ist alles etwas vage, alles etwas diffus. Ich aber meine, das gehört zum Gesamtpaket. Wir müssten uns da vielleicht mal an den Medizinern orientieren, für die die Rufbereitschaften und Ruhezeiten auch als Arbeit eingruppiert sind, aber nicht ganz so deutlich, nicht ganz so hoch dotiert.

Es gibt kaum einen Beruf, bei dem täglich so ein häufiger Wechsel von Gattungen und Adressaten der Tätigkeit stattfindet. Morgens hat man vielleicht Religionsunterricht in zwei, drei undisziplinierten Schulklassen zu erteilen, dann folgt eventuell ein ernstes Seelsorgegespräch, dann kommen Handwerker, um die Kirchenheizung zu reparieren, dann ist Konfirmandenunterricht, dann Sitzung oder Chor, und so geht es zu, Tag für Tag. Ein Problem ist auch, dass Pfarrer oft keine Zeitinseln zum Umschalten haben. Das ist zwar in anderen Berufen auch oft so, aber im Pfarramt hat es nochmal eine tiefere Dimension, weil etliche der pastoralen Tätigkeiten emotional sehr herausfordernd sind. Wenn man zum Beispiel die Trauerfeier für eine junge, an Krebs gestorbene Mutter durchführen muss, deren Kinder man in der Jungschar hat, dann kann das ungeheuer belastend sein. Aber als Pfarrer darf man sich während der Beerdigung nicht seiner eigenen Trauer hingeben, sonst kann man die Feier nicht leiten und den Hinterbliebenen beistehen. Es kommt gar nicht selten vor, dass man nach der Feier gleich wieder zurückfahren muss, um Konfirmandenunterricht zu halten oder ein Taufgespräch o. Ä. zu führen. Das ist natürlich emotional vollkommen ungesund. Eigentlich müsste man dann erst mal eine Stunde spazieren gehen oder sich still in die Kapelle setzen, um innerlich zu verarbeiten, was man gerade getan hat bzw. tun musste. Das ewige Rad der fortwährenden Verpflichtungen dreht sich jedoch unablässig weiter, und man muss auch im Pfarrberuf funktionieren.

Es ist ein permanentes Blitzgewitter verschiedenster Anforderungen und Herausforderungen, dem man in diesem Beruf ausgesetzt ist. Viele sind emotional belastend, viele aber auch schlicht unterfordernd. Das ist wie eine große Walze, die über einen Tag für Tag, Woche für Woche hinweggeht. Und dann kommt dazu, dass Pfarrer oft ganz selbstverständlich Aufgaben erledigen müssen, die mit dem eigentlichen Beruf nichts zu tun haben. Man muss dauernd an die Tür rennen, wenn es schellt, um den Schlüssel für das Gemeindehaus herauszugeben, oder man muss das Licht im Gemeindehaus wieder ausmachen; die Heizung aufdrehen; oder die Sekretärin kommt mit dem Word-Programm nicht zurecht, und man muss ihr zeigen, wie das geht; dann ist die Gemeindesekretärin krank, und man muss ihre Arbeiten mit erledigen. Ich war z. B. in einer größeren Gemeinde zusammen mit zwei Kollegen tätig. Die Gemeinde hatte elf Immobilien: drei Kirchen, drei Gemeindehäuser, drei Pfarrhäuser und zwei Kindergärten. Allein das Management dieser Immobilien hat die Kraft von einem von uns vollkommen absorbiert. Bei manchen Pfarrern in Bayern nehmen diese Tätigkeiten schon über 50 Prozent der Arbeitszeit in Anspruch. Als junger Pfarrer habe ich diese Dinge noch ganz selbstverständlich gemacht. Man sagt sich: „Christ sein, heißt: Dienen. Das mache ich doch mit links!" Aber im Laufe der Jahre wird man nachdenklicher und fragt sich: „Wofür habe ich eigentlich Theologie studiert?" „Wenn das das Wesentliche ist, was von mir erwartet wird, dann hätte ich doch lieber Hausmeister gelernt oder so!"

Aufgesplittert in tausenderlei wichtige, aber auch unwichtige Alltagsgeschäfte, hin und her gerissen zwischen den verschiedensten Erwartungen, nie richtig zur Ruhe kommen können in der fortwährenden Walze mannigfaltiger Verpflichtungen und Wünsche und Begehrlichkeiten, das erschöpft. Und das Problem ist: Die Zerstreuung, der wir in der Außenwelt ausgesetzt sind, wächst langsam in die Innenwelt hinein und führt dort in einem schleichenden Prozess zum Verlust der Mitte, zur Zersplitterung, Zerrissenheit, Dezentrierung, manchmal sogar zur oben angesprochenen Besinnungslosigkeit. Ich kenne manche Kollegen, von denen ich sagen würde: die haben regelrecht ADHS, ein Aufmerksamkeitsdefizit-/Hyperaktivitätssyndrom. Das merkt man schon, wenn so ein Pfarrer in einen Raum hineinkommt, in dem viele Leute sind. Während er dem ersten die Hand gibt, schaut er schon den zweiten an und strahlt eine vibrierende Unruhe aus. Jedes Gemeindeglied sagt sich im Stillen: „Der arme Mann, den lass ich lieber in Ruhe. Den kann ich doch jetzt nicht mit meinen Sorgen belästigen, der hat genug zu tun!"

Und dann gibt es eine weitere Problematik, die früher oder später zur Erschöpfung mit beiträgt. Für meine Habilitationsschrift habe ich damals 40 Interviews geführt und unter anderem allen Interviewpartner die sogenannte „Gretchenfrage" gestellt: „Wie hältst du's mit der Religion?" Wie ist es um ein eigenes spirituelles Leben bestellt? Die Antwort war durchgängig: „Die Pflege persönlicher Frömmigkeit ist vor allem für Pfarrerinnen und Pfarrer, Diakone und Religionspädagogen wichtig – aber ich finde keine Zeit und keine Ruhe mehr dazu. Bei mir geht es morgens los mit den Kindern, die müssen versorgt werden. Dann gehe ich ins Büro, und die Alltagswalze beginnt sich zu drehen. Abends komme ich dann nach einem Tag, an dem ich fortlaufend mit allen möglichen Leuten kommuniziert habe, nach Hause, und mir brummt der Kopf, und wenn meine Frau noch etwas von mir will, sage ich, lass mich bloß in Ruhe, ich will nicht mehr reden, ich kann nicht mehr, ich kann nichts mehr hören. Auf lange Sicht ist das natürlich sehr ungesund. Und die eigene Gottesbeziehung, aus der wir eigentlich unsere Hauptkraft schöpfen, geht zugrunde.

In der badischen Kirche wurde vor sechs Jahren eine repräsentative Studie durchgeführt, nach der 20 Prozent der befragten Pfarrerinnen und Pfarrer bereits an stressbedingten Gesundheitsstörungen leiden. Da sage ich mir: Das kann doch nicht sein. Die Kirche Jesu Christi verkündigt den göttlichen Schalom, den Frieden, sie verkündigt das Salus – das Heil. Sie will, dass die Leute sich entfalten können, dass sie zu sich kommen, dass sie ihre verborgenen Dimensionen erkennen können. Aber diejenigen, die das Evangelium verkünden, die werden krank. Das ist ein Widerspruch, der natürlich nicht nur uns auffällt, sondern auch der Bevölkerung.

Kerze und Öllampe

Wir haben in der Kirche ein wunderschönes Symbol, die Kerze. Eine Kerze verbreitet warmes lebendiges Licht und erfreut die Seele. Besonders schön ist es, wenn viele Kerzen vor einer Gebetswand leuchten. In arbeitspsychologischer Hinsicht ist die Kerze jedoch ein sehr brutales Symbol: Sie brennt und brennt – und dann ist sie weg. Genauso erleben sich in der heutigen Zeit viele Menschen, auch in der Kirche. Ich habe gebrannt, ich habe getan, was möglich war, habe mich aufgerieben im Weinberg des Herrn, und jetzt bin ich ausgebrannt, jetzt bin ich nicht mehr da. Genauso erleben sich die Leute, die wegen eines Burn-outs zusammenbrechen. Es ist nichts mehr da. Die ganze Kreativität ist weg, der Elan ist erloschen. Die Freude ist schon lange weg. Die Kommunikationsfähigkeit ist nicht mehr da. Es ist eigentlich alles weg, was einen kommunikativen Menschen, der das Evangelium kommunizieren soll, ausmacht.

Ein viel schöneres Bild ist das Öllämpchen. Das ist nämlich auch noch da, wenn es nicht mehr brennt. Jede und jeder von uns hat das Recht, auch mal nicht zu brennen, deswegen sind wir aber trotzdem da. Das Öllämpchen kann man aber wieder zum Leuchten bringen. Man muss einfach Öl nach-füllen und es wieder anzünden. Und das ist die Frage nach den Ressourcen: Wo sind die Quellen unserer Kraft?

Der helle Schein

Ich meine, eine zentrale Quelle unserer Kraft ist der helle Schein, den Gott in unsere Herzen gegeben hat, von dem Paulus im 2. Korintherbrief spricht. (Denn Gott, der sprach:

Licht soll aus der Finsternis hervorleuchten, der hat einen hellen Schein in unsre Herzen gegeben, dass durch uns entstünde die Erleuchtung zur Erkenntnis der Herrlichkeit Gottes in dem Angesicht Jesu Christi; 2 Kor 4,6).

Dieser helle Schein war bei jedem und jeder von uns, die wir in der Kirche arbeiten, einmal da. Ich kann mir nicht vorstellen, dass jemand in der Kirche arbeitet, um einen schlauen Job zu haben oder um viel Geld zu verdienen. Bei der Pfarrerin und beim Pfarrer genauso wie bei der Diakonin oder der Religionspädagogin oder auch bei der Kirchenvorsteherin war am Anfang dieser helle Schein im Herzen. Dieser helle Schein war der Grund, warum man damals ‚Ja' gesagt hat zu diesem Dienst im Weinberg des Herrn.

Der helle Schein verändert sich. Das Feuer der ersten Liebe verändert sich im Laufe der Zeit, das kennen wir auch von unseren Partnerschaften her. Es kann sein, dass der helle Schein auch einmal sehr schwach und dunkel wird. Paulus wusste darum. Sonst hätte er nicht im Anschluss an die eben genannte Stelle gesagt: „Wir haben aber den Schatz in irdenen Gefäßen!" Und oft erleben wir uns auch schmerzlich als dieses irdene Gefäß. Unsere Irdigkeit oder wie man das nennen soll, wird uns oft bewusst – unsere Bruchstückhaftigkeit, unsere Unvollkommenheit. Und darunter können wir sehr leiden. Aber Paulus sagt: „Die überschwängliche Kraft Gottes ist da, und die wird auch in uns wieder erscheinen." Dann allerdings sagt er: „Darum werden wir nicht müde, sondern wenn auch unser äußerer Mensch zerfällt, so wird doch der innere von Tag zu Tag erneuert!" Was wir erleben, ist, dass wir schon müde werden und oft nicht von Tag zu Tag erneuert werden, und das ist, was das Ganze sehr schwer macht. Und wenn ich den hellen Schein nicht mehr richtig in mir spüre, wie kann ich ihn dann weiter verbreiten? Wenn in mir nichts mehr brennt – wenn ich mich in einer Erschöpfungskrise befinde – , ist es sehr, sehr schwierig, dann noch in der Gemeinde zu funktionieren. Und das tun viele noch. Viele, viele Wochen, weil sie nicht wissen, was sie sonst machen sollen, oder weil sie Angst haben zu sagen: „Ich kann nicht mehr!" Viele treiben es dann bis dahin, dass der Körper die Notbremse zieht und einen Hörsturz produziert, einen Herzinfarkt oder einen Bandscheibenvorfall.

Die narzisstische Kränkung

Der innere Mensch wird nicht automatisch von Tag zu Tag erneuert, aber wir können darauf hoffen und wir können darum beten und wir erleben das dann auch wieder. Jede und jeder von Ihnen. Jeder, der so eine ernstere Lebenskrise durchmachen musste und dann erlebt: Es ist doch weitergegangen, ich kam doch wieder auf die Füße, der hat etwas an Kraft gewonnen. Das heißt nicht, dass er diese dann bis an sein Lebensende hat, das kann sich ja wiederholen, aber er hat ein gewisses Zutrauen dazugewonnen, dass dieser innere Mensch auch wieder aufgerichtet wird. Und das ist so wichtig in unserem Beruf. Vor allem jetzt und in den kommenden Jahren. Denn die Kirchlichkeit der Bevölkerung wird ja nicht plötzlich wieder zunehmen, sondern sie nimmt weiter ab. In Bayern gibt es Berechnungen, dass im Jahr 2030 etwa ein weiteres Drittel der eingeschriebenen Kirchenmitglieder nicht mehr da ist, auch aufgrund des demographischen Wandels, mehrheitlich aber, weil Menschen mit der Kirche nichts mehr anzufangen wissen und ihr den Rücken kehren. Das aber ist, psychologisch gesehen, eine narzisstische Kränkung ersten Ranges für diejenigen, die in der Kirche arbeiten. Das heißt doch: Das, wofür ich brenne, wofür ich mich einsetze, das interessiert keinen mehr, das holt keinen Menschen mehr hinter dem Ofen hervor. Damit setzt man sich, zumindest in unserer bayerischen Kirche, noch gar nicht auseinander. Dabei müssten wir genau das offensiv thematisieren auf unseren Pfarrkonventen und Pfarrkonferenzen, wie wir mit dieser narzisstischen Kränkung umgehen wollen und sollen.

Der Weg wird wahrscheinlich darin bestehen, dass wir noch mehr zusammenhalten, dass wir in dem anderen wieder die Schwester, den Bruder entdecken und Solidarität wieder stärkeres Gewicht gewinnt. Möglicherweise wird die Volkskirche, so wie wir sie jetzt kennen und wie wir uns in ihr wohlfühlen und in sie hineingewachsen sind, in 20 Jahren nicht mehr so sein. Vielleicht gibt es in den Städten noch gewisse kirchliche Zentren. Dann gibt es Oasen bei den Orden oder ordensartigen Gemeinschaften, und dann gibt es vielleicht viele Hauskreise. Wir denken immer, die Kirche Jesu Christi soll so bestehen bleiben, wie wir sie erlebt haben – aber es gab ja im Laufe der Kirchengeschichte viele Episoden, in denen die Kirche nur aus einem kleinen Häuflein Treuer bestand. Uns ist nirgendwo gesagt, dass die Kirche großen Einfluss und große Macht haben wird. Wir haben nur die Zusage, dass Gott die Kirche bis zum Ende der Zeit tragen wird.

Achtsamkeit als Schlüssel zur inneren Erneuerung

Ich meine, gerade in unserem Beruf, und damit komme ich zum Ende, ist Achtsamkeit ein ganz entscheidender Wert. Nicht nur für die Seelsorge, da ist sie sowieso der oberste Wert, aber auch so für mich, dass ich erst einmal mir selbst gegenüber achtsam werde und dann auch wieder achtsam auf andere Menschen zugehen kann. Die Konzentration im

Doppelsinn oder in der Mehrdeutigkeit dieses Wortes, das auf ein Zentrum hin sich Orientieren, die Meditation. Zu sich kommen, Kräfte sammeln und bündeln, Wichtiges von Unwichtigem trennen, sich zur Mitte orientieren – was ist die Mitte in der Kirche? –, sich zentrieren, zur Mitte finden, aus der Mitte leben, ins Lot kommen, sich auf das Wesentliche besinnen, wesentlich werden, wieder zu Stand und Wesen kommen.

Buddhistisch orientierte Psychologen bzw. allgemein die Buddhisten sagen das schon seit Jahrhunderten oder Jahrtausenden, dass es die Aufgabe des Menschen ist, zur Besinnung zu kommen, zu sich zu kommen. Der amerikanische Psychiater Jon Kabat-Zinn ist sehr hervorgetreten, weil er in den 70er Jahren in Massachusetts eine Stressklinik aufgebaut hat, wo er die Menschen mit einen völlig alternativen Konzept behandelt hat: Es gab dort nur Meditation und Bewegung. Er selber ist Buddhist und hat den Leuten das Sitzen in Form des Zen gelehrt. Das war sehr aufwendig mit achtwöchigen Kursen. Da musste man jeden Tag zwei Mal eine Dreiviertelstunde sitzen. Zwei Mal eine Dreiviertelstunde Yogaübungen und noch zwei Mal eine Dreiviertelstunde einen Bodyscan machen. Dabei legt man sich hin und geht mit der Aufmerksamkeit durch alle Partien des Körpers. Sehr aufwendig – eine Dreiviertelstunde. Kabat-Zinn hat ein sehr schönes Buch geschrieben: Zur Besinnung kommen. Die Weisheit der Sinne und der Sinn der Achtsamkeit in einer aus den Fugen geratenen Welt.[12] Aber eigentlich brauchen wir den Buddhismus nicht, wenn wir uns wieder darauf besinnen wollen, „innerlich" zu werden. Wir haben

---

12 Jon Kabat-Zinn, Zur Besinnung kommen. Die Weisheit der Sinne und der Sinn der Achtsamkeit in einer aus den Fugen geratenen Welt. Freiamt 2008.

dieses Wissen darum, was die Seele braucht, wenn sie wachsen will, und was ihr gut tut in unserem eigenen christlichen Traditionsschatz. Ich möchte darum meine Ausführungen gerne mit einem Zitat von Bernhard von Clairvaux beenden: „Wenn du weise bist, wirst du dich daher als Schale, nicht als Rohr erweisen. Das Rohr nimmt fast zur gleichen Zeit auf und ergießt wieder, was es aufgenommen hat. Die Schale aber wartet, bis sie voll ist, und gibt so, was überfließt, ohne einen Verlust weiter. Wirklich, ‚Rohre' haben wir heute in der Kirche in großer Zahl, aber nur sehr wenige Schalen."[13] Ein durchaus aktueller Text, wenn man sich den letzten Satz anschaut. Bernhard gebraucht das schöne Bild vom römischen Brunnen: Er empfängt, er darf schöpfen aus der unermesslichen Quelle der Liebe Gottes. Er darf gefüllt werden, und erst wenn er angefüllt ist, kann er weitergeben, und er verliert nichts dabei, weil ihm die Fülle immer wieder neu geschenkt wird. Ich denke, das ist ein tragendes Bild, das uns vielleicht auch während dieser Tagung begleiten könnte.

---

13 Sämtliche Werke V (Predigten über das Hohe Lied 39–386), Innsbruck 1995, 255–265, 257. Zit. bei: Peter Abel, Strategien gegen Stress und Burn-out, in: Anzeiger für die Seelsorge. Zeitschrift für Pastoral und Gemeindepraxis, Nr. 1, 2013, 16–18, 18.

Christhard Ebert

Geist und Organisation

1. Erschöpfte Organisation Kirche?

„Kaum verloren wir das Ziel aus den Augen, verdoppelten wir unsere Anstrengungen." (Mark Twain)[1]

Erschöpfung ist kein ausschließlich individuelles Phänomen. Es hat immer auch etwas mit den Strukturen zu tun, in denen Menschen arbeiten und leben. Oder etwas weiter gefasst: Es hat etwas mit den sozialen Systemen zu tun, in denen Menschen leben und arbeiten. Dann liegt die Frage auf der Hand: Können nicht auch soziale Systeme Anzeichen von Erschöpfung zeigen, erkranken oder gar ausbrennen? Die Antwort ist eindeutig: Sie können ausbrennen, und es geschieht ihnen auch.[2]

Organisationen als soziale Systeme sind nicht einfach wie ein Container, in denen einfache und auf Ursache und Wirkung zurückführbare Prozesse ablaufen. Sie sind auch nicht einfach nur als Summe von Handlungsmustern der Mitglieder einer Organisation aufzufassen. Sie sind komplexe Systeme, und das macht sie zu etwas Besonderem.

---

1   Zitiert nach: Peter Kruse, next practice. Erfolgreiches Management von Instabilität, Offenbach 2005, 35.
2   Vgl. dazu: Gustav Greve, Organizational Burnout – Das versteckte Phänomen ausgebrannter Organisationen. Wiesbaden 2012. Christhard Ebert, Tun und Lassen. Entlastungsberatung für die Kirche. ZMiR:klartext, Dortmund 2014.

2. Komplexität als Lebensmuster

„The real heroes anyway aren't the people doing things; the real heroes are the people NOTICING things, paying attention." (John Green)[3]

Ein Streifzug durch die Literatur zum Thema „Komplexität" zeigt, dass es gar nicht so einfach ist, eine brauchbare Definition zu finden. Das liegt nicht nur daran, dass der Begriff ‚Komplexität' zu den autologischen Begriffen gehört, sich also auf sich selbst bezieht und deshalb selbst komplex ist. Es liegt vor allem in der Natur der Sache. Manche Definitionen entstammen z. B. dem physikalischen Bereich – etwa der Bewegung von Atomen in einem Gas – und sind von da aus in die Systemtheorie gewandert und auf soziale Systeme übertragen worden.[4] Die entscheidenden Elemente sozialer Systeme aber sind Menschen, die eben keine Gasatome sind, sondern selbst komplexe Phänomene. Autologie kann anstrengend sein.

Im Folgenden folge ich keiner speziellen Definition, sondern dem Phänomen selbst – dies allerdings aus der Perspektive der zweiten großen wissenschaftlichen Revolution des letzten Jahrhunderts, der Quantenphysik. Genauer gesagt, einer bestimmten philosophischen Interpretation, der sogenannten Kopenhagener Deutung. Einige Schlüsselsätze dazu:[5]

---

3   Zitiert nach: Guido Becker/Sylke Meyerhuber, Organisationale Achtsamkeit als soziale Innovation. Die Schlüsselrolle mittlerer Führungskräfte. In: profile. Internationale Zeitschrift für Veränderung, Lernen, Dialog, Ausgabe 24, Bergisch-Gladbach 2015, 94–105.

4   Vgl. dazu: Klaus Mainzer, Komplexität, Paderborn 2008.

5   Natalie Knapp, Der Quantensprung des Denkens. Was wir von der modernen Physik lernen können, Hamburg 2011, 80 ff.

- Die Welt, in der wir leben, ist nicht vollständig definiert. Sie ist keine objektive Tatsache, sondern ein dynamisches Gefüge von Beziehungen. Objektivität ist nur eine von vielen Möglichkeiten, in Beziehung zu treten.
- In dieser Welt steht alles mit allem in Verbindung, ohne sich physisch, räumlich oder zeitlich berühren zu müssen.
- Jede unserer Handlungen hat Auswirkungen auf die Evolution des Universums.
- Einzelnes und Ganzes, Begrenztes und Unbegrenztes, Materielles und Immaterielles, Freiheit und Notwendigkeit gehören unauflöslich zusammen. Paradoxien und Dilemmata sind unausweichlich.
- Wirklichkeit zeigt sich aus der Fülle der Möglichkeiten auch durch die Art und Weise, wonach wir fragen.

Ich ziehe eine Konsequenz: Unsere Welt ist in den letzten Jahrzehnten nicht irgendwie einfach komplexer geworden. Dynamische, nichtlineare und nichtkausale Beziehungsprozesse waren schon immer ihr Inneres. Wir nehmen diese Komplexität nur immer deutlicher wahr und rufen sie damit gleichzeitig auch hervor. Und sind verwirrt, weil die uns zugrundeliegenden Konzepte des Denkens, Handelns und Glaubens sich immer weniger als adäquat erweisen: „Komplexität, ob in der Biologie oder anderswo, liegt nicht außerhalb unserer Verständnisfähigkeit, sondern sie erfordern eine neue Art von Verständnis."[6]

Bisher aber gehen wir mit dieser Situation um, wie wir es immer taten: Wir versuchen, Komplexität zu reduzieren.[7] Nach dem oben Gesagten könnten wir ahnen, dass das nicht

---

6   Sandra Mitchell, Komplexitäten. Warum wir erst anfangen, die Welt zu verstehen, Frankfurt a. M. 2008, 22.

7   Vgl. dazu auch: Isabel Hartmann / Reiner Knieling, Gemeinde neu denken. Geistliche Orientierung in wachsender Komplexität, Gütersloh 2014, 10 f.

möglich ist: „Die Idee der Auslotbarkeit der Komplexität [ist] uneinlösbar."[8] Was wir tatsächlich reduzieren, ist unsere Wahrnehmung der Komplexität, nicht Komplexität selbst. Allerdings bringt uns das tatsächlich vordergründig Handlungsmöglichkeiten zurück. Ein hilfreiches und einleuchtendes Modell ist das sogenannte Cynefin-Framework von Dave Snowden. Dieses bietet eine Typologie von Kontexten, die Anhaltspunkte bieten, welche Art von Erklärung und/oder Lösung zutreffen könnte.[9] Snowden differenziert vier Kontexte:

1. Einfache Kontexte – der Zusammenhang von Ursache und Wirkung ist eindeutig. Die Herangehensweise ist: Erkennen – Beurteilen – Reagieren.

2. Komplizierte Kontexte – der Zusammenhang von Ursache und Wirkung ist mit Hilfe einer Analyse und Fachwissen erkennbar. Die Herangehensweise ist: Erkennen – Analysieren – Reagieren.

3. Komplexe Kontexte – der Zusammenhang von Ursache und Wirkung kann nur im Prozess bzw. im Nachhinein wahrgenommen werden. Die Herangehensweise ist: Probieren – Wahrnehmen – Reagieren.

4. Chaotische Kontexte – es gibt keinen Zusammenhang zwischen Ursache und Wirkung. Die Herangehensweise ist: Handeln – Erkennen – Reagieren.

Unser Problem auch im kirchlichen Bereich liegt darin, dass wir häufig versuchen, mit Lösungsansätzen aus einfachen oder komplizierten Kontexten Herausforderungen zu begegnen, die im komplexen oder gar chaotischen Kontext liegen.

---

8 Karen Gloy, Komplexität – ein Schlüsselbegriff der Moderne, Paderborn 2014, 137.

9 Vgl. <http://de.wikipedia.org/wiki/Cynefin-Framework>, gelesen 15.05.2015.

Es gibt eine Vielzahl weiterer Modelle aus Systemtheorie, Organisationstheorie, Wissensmanagement, Logik, Technik, Strategieentwicklung, Ethik und Moral usw. Sie alle tragen dazu bei, dass wir Situationen wahrnehmen, Entscheidungen treffen und Handlungen ausführen können.

Alle bilden aber – das ist ihr Problem – geschlossene Teilsysteme, innerhalb derer zwar gehandelt werden kann, allerdings nur unter Verlust von lebendiger Wirklichkeit.

Wenn wir aber davon ausgehen, dass wir der grundlegenden Komplexität des Lebens nur unter Verlust von Lebensmöglichkeiten und nur scheinbar entkommen können – was dann?

Eine Möglichkeit, um mit der Unbestimmtheit und Unschärfe unserer Welt umzugehen, sind Netzwerke. Besonders Beziehungsnetzwerke verfügen über eine immaterielle Qualität von Soft Skills (weichen Faktoren) und sind deshalb selber unbestimmt und unscharf.

Es gibt eine zweite adäquate Antwort, die sogar zum Traditionsgut der christlichen Kirchen gehört. Wenn die Welt nichts anderes ist als ein lebendiges Gewebe von Beziehungen und unsere Wahrnehmung davon ein Teil von ihr, wenn wir deshalb unsere Sichtweise erweitern und uns die Welt als lebendiges Gewebe von Geist und Materie vorstellen, wenn „Bewegung und Beziehung, Möglichkeit und Offenheit, Übergänge und Unschärfe ... zu neuen Grundkategorien des Denkens werden"[10], wenn es also deshalb auch darum geht,

– unsere bewusste und unbewusste Intuition zu entwickeln
– und wir deshalb lernen, still zu werden,
– achtsam zu beobachten, der eigenen Wahrnehmung Raum zu geben und ihr zu vertrauen,

---

10 Knapp, a. a. O. 234.

- und uns so ganz bewusst dem Nicht-Wissen oder Nicht-
  Verstehen ausliefern,

dann nennt man das in der christlichen Tradition Kontemplation, und wir sind an einer spannenden und wesentlichen Schnittstelle zwischen Theologie, geistlicher Praxis,
Erfahrung der Komplexität und moderner Naturwissen-
schaft angekommen.

Von hier aus könnten wir noch einen Schritt weitergehen,
weil es Licht wirft auf eine bestimmte Eigenschaft komplexer Systeme, die Emergenz: „Emergenz bedeutet, [...] dass die
Wechselbeziehungen zwischen den Einzelteilen zu neuen
Eigenschaften führen können, die keines der Einzelbestandteile besitzt, und dass diese Eigenschaften höherer Ordnung
ihrerseits kausal wirksam werden können."[11] Das wäre systemtheoretisch formuliert. Theologisch formuliert reden wir
hier vom Wirken des Gottesgeistes und naturwissenschaft-
lich von der Explikation des Quantenpotenzials.

Ein Letztes: Von hier aus wäre der alte Streit in der Kreativitätsforschung, was das „Neue" eigentlich sei, entschieden.
Das Neue wäre nicht nur eine bisher unbekannte Rekombi-
nation von bereits Vorhandenem, sondern als emergentes
Phänomen etwas, das nicht zurückgeführt werden kann.
Naheliegend, aber noch offen und weiter zu bedenken wäre
deshalb auch der Zusammenhang der drei großen K: Kreativität, Kontemplation, Komplexität.

---

11 Mitchell, a. a. O. 47.

3. Gestresste Organisationen

*„Un-Aufmerksamkeit [kann] zu einer Un-Verbundenheit führen, ...
dann wiederum zu einem Un-Gleichgewicht, ... zu regelrechter Un-
Ordnung, ... dann wiederum zu Krankheit oder, anders ausgedrückt,
zu Un-Wohlsein."*[12]

Aufgrund ihrer Selbstorganisationskraft können sich komplexe soziale Systeme wie ein einziger Organismus verhalten und spezifische Haltungen ausbilden. Man kann sie
tatsächlich wie eine Persönlichkeit verstehen, die ihre eigenen individuellen Merkmale ausgebildet hat, die Werte und
Überzeugungen besitzt, ein bewusstes und ein unbewusstes
Gedächtnis hat usw.[13]

Diese Fähigkeit eines sozialen Systems, emergente Phänomene auszubilden und sich dabei wie ein einziger Organismus verhalten zu können, ist nun eine der Voraussetzungen
dafür, sich auch als Organisation zu erschöpfen.[14]

Wenn man z. B. vom Modell der organisationalen Lebens-
zyklen[15] ausgeht, ist eine interessante Schlussfolgerung
möglich. Denn dann muss man sagen: Die Wahrscheinlichkeit oder das Risiko, an einem organisationalen Burn-out zu
erkranken, steigt an, je größer, je älter und je marktferner

---

12 Jon Kabat-Zinn, Zur Besinnung kommen. Die Weisheit der Sinne und der
    Sinn der Achtsamkeit in einer aus den Fugen geratenen Welt, Freiamt
    2008, 132 f.

13 Vgl. dazu: William Bridges, Der Charakter von Organisationen, Göttingen
    1998.

14 Zum Ganzen vgl. ausführlich Christhard Ebert, Tun und Lassen. Entlas-
    tungsberatung für die Kirche. ZMiR:klartext, Dortmund 2014, 31 ff.

15 Vgl. dazu: Gustav Greve, Organizational Burnout – Das versteckte Phäno-
    men ausgebrannter Organisationen, Wiesbaden 2012, 29.

eine Organisation ist. Ganz allgemein übertragen auf das System Kirche könnte das bedeuten: ziemlich alt, ziemlich groß und auch ziemlich marktfern – wenn man nur davon ausgeht, dass über die Hälfte der eigenen Mitglieder nicht mehr erreicht wird. Das heißt jetzt noch nicht, dass Kirche als System erkrankt ist. Aber es soll die Aufmerksamkeit darauf lenken, dass sie an Stress leidet. Wir kennen drei organisationale Stressfaktoren[16]:

– Externer Systemstress – alle externen Faktoren, auf die wir nur reagieren können, die wir aber nicht aktiv gestalten können. Der durch den demographischen Wandel erzeugte Mitgliederverlust z. B. löst diesen externen Systemstress aus.

– Interner Ressourcenstress – alle internen Faktoren einer Organisation, die selbst gestaltet werden können. Fusionen oder häufige Reorganisationen spielen hier eine Rolle. Aber auch Versuche, mit unangemessenen Methoden Komplexität verringern zu wollen, können diesen Stress erhöhen.

– Endogener Identitätsstress – alle Faktoren, die die Sinnfrage und die Organisationsidentität beeinflussen. Wenn kirchliche Einheiten z. B. vergessen haben, wozu sie eigentlich da sind, wenn die Kraft des Heiligen Geistes keine Rolle im Tagesgeschäft mehr spielt, wenn es keine Erfahrungsräume spiritueller Praxis gibt, dann handelt es sich um Faktoren eines Identitätsstresses.

Besonders der letzte Stressfaktor wirkt sich reflexiv verstärkend auf die anderen beiden aus. Es kann dabei eine Dynamik entstehen, die schleichend und fast unbemerkt ein kirchliches System innerlich auszehrt und an den Rand der Erschöpfung führt.

---

16 Greve, a. a. O. 41.

4. Neuer Geist in alter Organisation?

„Man füllt auch nicht neuen Wein in alte Schläuche; sonst zerreißen die Schläuche und der Wein wird verschüttet und die Schläuche verderben. Sondern man füllt neuen Wein in neue Schläuche, so bleiben beide miteinander erhalten." (Mt 9,17)

Sollte Jesu Bildwort auch für Organisationen gelten, müsste man dann nicht sagen: Wir halten den Heiligen Geist lieber fern von unserer Organisation und unseren Strukturen, sonst zerreißt es uns.

Und tatsächlich: Da die Emergenz in sozialen Systemen – und auch in der Kirche – auf selbstreferenziellen und rekursiv verschachtelten Prozessen beruht, neigen größere und ältere Systeme dazu, ihre Systemgrenzen gegenüber ihrer Umwelt abzuschotten. Sie nehmen immer weniger Energien und Informationen von außen auf, verlieren den Kontakt zur Umwelt und beginnen zunehmend, um sich selbst zu kreisen. Selbsterhalt wird wichtiger als Auftrag. Der Heilige Geist spielt in einem solchen kirchlichen System irgendwann keine Rolle mehr.

Vielleicht hat es tatsächlich keinen Zweck, unsere verkrustete Struktur retten zu wollen. Vielleicht sollten wir unsere Kräfte nicht länger sinnlos verbrennen. Vielleicht sollten wir uns an Jesu Gleichnis konsequent halten und Neues, Kreatives, Innovatives, Geisterfülltes ausschließlich in neue Schläuche gießen und die alten einfach aufgeben. Einerseits. Andererseits ist das einfacher gesagt als getan. Und es stellen sich Fragen. Auch alte Organisationen (selbst sterbende) sind oft noch stabil genug, um zu beheimaten, zu wärmen, zu stabilisieren, zu bergen. Wer kümmert sich, wenn Menschen plötzlich in der Kälte stehen, wenn ihnen auch noch das genommen wird? Außerdem: Haben wir überhaupt neue Schläuche oder nur Variationen der alten? Und wo kommt der neue Wein her? Und selbst wenn wir neuen Wein hätten: Auch dieser neue Wein wird alt, auch diese neuen Schläuche werden bröselig. Das Spiel beginnt erneut.

Das Ganze ist ambivalent, teilweise paradox und mit Dilemmata durchzogen. Also schön komplex. Also wird eine angemessene Strategie eben dieser Komplexität folgen. Weil die Kirche Jesu Christi sich nicht selbst verdankt, sich nicht selbst erschafft, sondern Geschöpf und Geschenk des lebendigen Gottes ist, könnte dies auch organisational ernst genommen werden. Systemtheoretisch würde das bedeuten, das theologische Paradigma von geglaubter, unsichtbarer Kirche und gelebter, sichtbarer Kirche neu zu deuten und beide Aspekte als Aspekte eines einzigen, lebendigen Systems zu verstehen. Herauskommen könnte dabei so etwas wie ein „gottoffenes" System. Ein solches System würde sich nach außen öffnen – durch die Beziehung zu Gott und die Offenheit für das Wirken des Heiligen Geistes. Es wäre immer etwas mehr am Rand der Instabilität als der Stabilität, würde aber mehr Informationen von außen aufnehmen und schneller und flexibler auf Änderungen der Umwelt reagieren können. Ein solches System wäre nicht labil. Seine Instabilität nach außen durch offenere und flüssigere Grenzen würde Hand in Hand gehen mit vertrauensvollen Beziehungen nach innen und einer gemeinsamen spirituellen Praxis. Es gäbe in einem gottoffenen System eine ganze Reihe von Verschiebungen und Perspektivwechseln:
– von der Bestandssicherung hin zum Vertrauen: „Sorgt euch nicht um euer Leben. Trachtet zuerst nach dem Reich Gottes und seiner Gerechtigkeit, so wird euch das alles zufallen." (Mt 6,25 f.),

- von der Beharrung hin zum Aufbruch: „Wenn das Weizenkorn nicht in die Erde fällt und erstirbt, bleibt es allein; wenn es aber erstirbt, bringt es viel Frucht." (Joh 12,24),
- von Selbstsicherung hin zur Selbsthingabe: „Das Himmelreich gleicht einem Schatz, verborgen im Acker, den ein Mensch fand und verbarg; und in seiner Freude ging er hin und verkaufte alles, was er hatte, und kaufte den Acker." (Mt 13,44),
- von Binnenorientierung hin zur Außenorientierung: „So wird auch Freude im Himmel sein über ‚einen' Sünder, der Buße tut, mehr als über neunundneunzig Gerechte, die der Buße nicht bedürfen." (Lk 15,7),
- von Selbstwirksamkeit hin zur Gotteswirksamkeit: „Wir haben aber diesen Schatz in irdenen Gefäßen, damit die überschwängliche Kraft von Gott sei und nicht von uns." (2Kor 4,7)

Diese Perspektivwechsel oder Verschiebungen könnten in der Konsequenz bedeuten, dass

- die bisherige Dominanz ökonomischer Strukturentscheidungen relativiert wird,
- Maßnahmen der Bestandssicherung den Notwendigkeiten der Kommunikation des Evangeliums zugeordnet werden,
- Strukturveränderungen abhängig werden von inhaltlichen Anforderungen,
- geistliche Inhalte in Gemeinden und Regionen wichtiger werden als soziale oder kulturelle,
- Leitungsgremien auf allen Ebenen zunehmend ihre geistliche Kompetenz entdecken.

Darüber hinaus bin ich davon überzeugt, dass in einem solchen gottoffenen System einige Blockaden überwunden werden könnten, z. B. Blockaden durch falsche Alternativstellungen zwischen Neu und Alt, Tradition und

47

Zukunft, Kontemplation und Aktion, Hierarchie und Netzwerk.

Insgesamt könnte Kirche als gottoffenes System Selbstabschließungen vermeiden, mehr Relevanz gewinnen und wieder attraktiver und wirksamer werden – damit wir als Kirche das tun können, wozu es uns überhaupt gibt und braucht: das Evangelium auszurichten an alles Volk und Gottes – nicht unserer – Mission in dieser Welt zu folgen.

5. Dem Geist Raum geben

„Das Paradox der Gastfreundschaft ist, dass sie eine Leere schaffen will – keine Angst einflößende Leere, sondern eine freundliche, in die der Fremde eintreten und in der er entdecken kann, dass er als freier Mensch geschaffen wurde: frei, sein eigenes Lied zu singen, seine eigene Sprache zu sprechen, seinen eigenen Tanz zu tanzen, und ebenso frei, zu gehen und seiner eigenen Berufung zu folgen."[17]

Wie kriegen wir nun mehr Geist in unsere kirchlichen Organisationen hinein? Dazu zwei gute Nachrichten. Die erste: kriegen wir nicht. Die zweite: der kommt von selbst.

Zur ersten: Das macht für mich die Stärke eines „gottoffenen" Systems aus. Wir stoßen bewusst immer wieder an die Grenzen unserer Möglichkeiten und die Grenzen des Machbaren. Bewusst – weil die Wahrnehmung dessen wichtig ist. An ihr lernen wir Vertrauen. An ihr lernen wir loszulassen. An ihr lernen wir, uns zu überlassen. An ihr lernen wir vertrauensvolle Gelassenheit. An ihr lernen wir – um es mit einem

---

17 Henri J. M. Nouwen, Die dreifache Spur. Orientierung für ein spirituelles Leben, Freiburg 2012, 101 f.

Stichwort von Henri Nouwen auszudrücken – freundliche Leere.

Und das ist das Zweite: Diese freundliche Leere – jenseits von Gedanken und Bildern, von Erwartungen und Absichten – scheint der Heilige Geist den Erfahrungen der christlichen Mystik nach zu bevorzugen. Diese freundliche Leere können wir nicht herstellen. Sie ereignet sich da, wo wir unser Planen und Wollen losgelassen haben. Sie geschieht, wo wir uns von Zwecken und Zielen verabschiedet haben. Machen können wir hier tatsächlich nichts mehr. Aber – hier nehme ich eine Vorstellung von Ignatius von Loyola zu Hilfe: wir können uns disponieren, wir können uns selbst vorbereiten. Ignatius hat für die individuelle Disposition seine Exerzitien entwickelt, die bis heute eine gute Hilfe auf dem Weg in die freundliche Leere sein können.[18]

Für die organisationale Disposition – für den Weg also in ein gottoffenes System hinein – schlage ich den Gedanken der organisationalen Achtsamkeit vor. Das hat den Vorteil, dass es da beginnt, wo wir uns auskennen, nämlich beim Machen, und uns über das Lassen dorthin führt, wo wir organisational auf jeden Fall noch stark fremdeln: nämlich in der Stille und in alles bergender Leere.

---

18 Vgl. Ignatius von Loyola, Die Exerzitien, Freiburg 1999, 7.

6. Spurensuche

„Die Bandbreite dessen, was wir denken und tun, wird von dem begrenzt, was wir wahrzunehmen versäumen." (Ronald D. Laing)[19]

Achtsamkeit ist so etwas wie eine umfassende Haltung des Lebens – ein Lebensprinzip – und umfasst ein Bewusst-Sein für Körper, Geist, Seele und unsere Außenbeziehungen. Auch wenn der Begriff erst in jüngerer Zeit vor allem durch buddhistische Achtsamkeitsübungen eine gewisse Attraktivität gewonnen hat, ist die Sache selbst tief in christlicher Tradition verankert – von den Wüstenvätern und -müttern des vierten Jahrhunderts über die benediktinische Tradition bis hin zu heutigen Modellen der Geistlichen Begleitung. Ein achtsamer Mensch achtet auf seinen Körper und sorgt für genug Bewegung, gesunde Nahrung und ausreichend Schlaf. Er achtet auf den Geist und gönnt ihm Kultur und Bildung. Er achtet auf die Seele in Gebet, Stille, Gottesdienst und Meditation. Und er achtet auf seine Beziehungen in Empathie, Gelassenheit, Wertschätzung und Präsenz.

Für einen individuellen Weg in die Haltung der Achtsamkeit hinein gibt es eine Fülle von hilfreicher Literatur, für einen gemeindlichen oder regionalen Weg allerdings kaum. Deshalb wäre zu überlegen, was Körper, Geist, Seele und Beziehung übertragen auf eine Organisation bedeuten können.

- Die Seele einer Organisation ist ihr „Fenster zum Himmel", die Gegenwart Gottes in ihr.
- Der Geist einer Organisation umfasst ihre Werte, ihre Überzeugungen, ihre Leidenschaft und ihr Wissen.

---

19 Zitiert nach Kabat-Zinn, a. a. O. 29.

– Zum Körper einer Organisation können wir alles zählen, was ihre äußere Erscheinung ausmacht, und die Art und Weise, wie sie in ihrer Umwelt agiert – Strukturen und Prozesse also.

– Und ihre Beziehungen nach außen umfassen alle Kontakte, Begegnungen und Kommunikationsprozesse zu anderen Menschen, anderen Organisationen, zu Gesellschaft und zur Umwelt.

Wenn eine Organisation einen Weg in die Haltung organisationaler Achtsamkeit gehen will, wird sie lernen, sich aller dieser inneren und äußeren Aspekte bewusst zu werden. Das ist ein Lernweg mit den drei Dimensionen Wahrnehmen – Reflektieren – Reagieren.

Im Folgenden geht es ganz bewusst nicht um ein Konzept für organisationale Achtsamkeit. Zum einen könnte ein solches Konzept die allem zugrundeliegende Komplexität so weit reduzieren, dass es die eigentlich erwünschte Achtsamkeit „als ein offenes, nichturteilendes Gewahrsein von Augenblick zu Augenblick"[20] selbst verhindert. Zum anderen werden sich konkrete Fragen, die zu konkreten Antworten führen, nur im Blick auf konkrete Situationen finden lassen.

Es geht vielmehr um Schritte, die zu Schritten führen, die zu Schritten führen: „... hinschauen, zuhören und Mitteilung geben zur Wahrnehmung des offensichtlich Nächstliegenden – und daraus fundiert und gut gestimmt den nächsten Schritt aus dem vorigen Schritt entstehen lassen – man könnte sagen, den nächsten Schritt geschehen lassen. ... Jeder Schritt eine Lösung."[21]

---

20 Kabat-Zinn, a. a. O. 35.
21 Florian Fischer, Der nächste Schritt. Schau mal! Es geht, Berlin 2012, 7.

Und der Weg, der aus diesen einzelnen Schritten besteht, kann in der Mitte, der Seele beginnen.

- Wahrnehmung: Gibt es eine Vision? Hat eine Gemeinde, eine Region, eine kirchliche Einrichtung eine gute und starke geistliche Vision ihrer selbst? Hier würde ich anfangen. Ja, und auch wenn es für ein kirchliches Verwaltungsamt vielleicht verwegen klingt, ihm eine Vision zumuten zu wollen oder gar nach Leidenschaft zu fragen – es ist nicht abwegig, sondern in unserem Zusammenhang sogar notwendig. Dann: Welche geistlichen Vollzüge gibt es in der Organisation?
- Reflektion: Sind die geistlichen Vollzüge mit der Vision verbunden? Gibt es Räume der Stille, die selbst freundliche Leere ausstrahlen? Bekommt das innere Feuer, das jeder Mensch und jede Organisation braucht, genug Nahrung? In Gebet, Meditation oder vielleicht sogar etwas wie organisationalem Sabbat?
- Reaktion: Hier bereits werden sich erste Schritte zeigen. Was hier verändert wird, wirkt sich bereits auf alle anderen Aspekte aus.

Der zweite Schritt ist der Blick auf den Geist.

- Wahrnehmung: Welche Werte gelten? Welche offenen und verdeckten Überzeugungen sind da? Welche Leidenschaft glüht (oder auch nicht)? Welche Geschichten werden erzählt und welche Legenden tradiert? Wie ist der Zugang zu organisationalem Wissen? Wie ist es um Fort- und Weiterbildung bestellt – sowohl die fachliche wie auch die geistliche? Gibt es Tabuthemen, Leichen im Keller? Welche Konfliktkultur herrscht vor? Welcher Umgang mit Fehlern? Welche Beteiligungs- und Entscheidungskultur gibt es? Welches Wissen stellt die Organisation ihren Mitgliedern bereit und wie gut ist es

zugänglich? Hier ist auch die Frage nach dem Leitungs-
stil von Führungspersönlichkeiten zu stellen.

– Reflektion: Sie bringt diese Wahrnehmung mit der Seele
 zusammen und fragt nach Übereinstimmung oder
 Unterschieden.

– Reaktion: Die Seele wird sagen, was an Veränderungen notwendig ist. Welche Geschichten z. B. müssen
 neu erzählt werden? Welche Erfahrungen müssen neu
 gemacht werden – z. B. durch bewusst gestaltete Dialog-
 räume? Oder durch Achtsamkeitsübungen[22], die Menschen und System zugutekommen?

Im dritten Schritt kommt der Körper in den Blick.

– Wahrnehmung: Wie sind Strukturen und Prozesse zu
 beschreiben? Was läuft offen ab, was verdeckt? Welche
 Ausstrahlung haben Gebäude oder Räume? Was ermöglichen sie und was verhindern sie?

– Reflektion: Passen die Strukturen und Prozesse zu Geist
 und Seele? Wird z. B. die Möglichkeit, einen Raum der
 Stille während der Arbeitszeit aufzusuchen, nicht nur
 geduldet, sondern aktiv unterstützt, indem Arbeitsab-
 läufe so verändert werden, dass das möglich wird?

– Reaktion: Insgesamt wird gefragt: Was kann verändert
 werden, damit eine achtsame Gesamtheit entsteht? Was
 kann auch nicht verändert werden und welche Auswirkungen hat das auf Geist und Seele?

---

22 Es scheint zunehmend gute Erfahrungen damit zu geben, in Betrieben
 oder Unternehmen Übungen zu „Stressbewältigung durch die Praxis der
 Achtsamkeit" anzubieten.

Im vierten Schritt spielen dann die Außenbeziehungen eine Rolle.

- Wahrnehmung: Welche Außenbeziehungen/Kontakte gibt es? Und zu wem? Zu wem nicht?
- Reflektion: Werden diese bewusst gewollt? Bewusst gestaltet? Wie sieht das mit Wertschätzung in Beziehungen aus? Wie mit der Offenheit für unbekannte Menschen?
- Reaktion: Was muss hier verändert werden? Was anders gestaltet, was neu erfunden oder aufgegeben werden, damit Seele, Geist, Körper und Beziehungen eine achtsame Einheit darstellen?

Ein „gottoffenes" System durch organisationale Achtsamkeit – das garantiert noch nichts, aber es disponiert, öffnet, macht möglich in all der nötigen Unabgeschlossenheit und Unschärfe – damit der Geist der Kraft und der Liebe und der Besonnenheit (1Tim 4,7) einziehen kann und den Geist der Furcht, der Sorge und der Angst vertreibt.

Sabine Bobert

Mystik und mentales Coaching[1]

1. Einleitung

Das Christentum ist nicht so banal, wie es zurzeit im Westen vermarktet wird. Es ist mehr als ein Humanistenclub. Es zielt seit seinen Anfängen auf die Erleuchtung und die Vereinigungserfahrung mit der letzten Wirklichkeit. Sie müssen nicht die Religion wechseln, um diese Erfahrungen zu machen. Die großen Abwanderungsbewegungen in andere Religionen sind die Antwort auf die Verniedlichung und Banalisierung des Christentums, denn „Die unendliche menschliche Seele kann niemals Erfüllung finden, außer durch das Unendliche selbst".[2]

Das Christentum ist keine Lehre, sondern in erster Linie eine Lebenspraxis, die auf die Vereinigung des Menschen mit Gott zielt. Erst von diesem Zielpunkt aus lassen sich die heiligen Texte und die mystische Theologie in ihrer Tiefe verstehen. Die Theologie hat eine Philosophie daraus gemacht. Antike Philosophien hingegen waren noch mit einer bestimmten Lebenspraxis verbunden, häufig mit Übungen wie Fasten und Schweigen, die die Selbsterkenntnis unterstützten. Erst aus der rechten Lebenspraxis folgen richtige

---

1 Auszug mit freundlicher Genehmigung der Verfasserin aus: Sabine Bobert, Mystik und mentales Coaching mit MTP – Mental Turning Point®, 2. überarbeitete Auflage, Kiel 2015.

2 Vivekananda, in: Karl Baier, Meditation und Moderne. Zur Genese eines Kernbereichs moderner Spiritualität in der Wechselwirkung zwischen Westeuropa, Nordamerika und Asien, Bd. 2, Würzburg 2009, 473 f., vgl. 467 ff.

Erkenntnisse. Stellen Sie sich eine Tai-Chi-, eine Zen- oder eine Yoga-Stunde vor, die nur aus Anpredigen besteht. Wie absurd! Doch dieselben Zustände im westlichen Christentum fallen kaum noch jemandem als absurd auf. Als Vivekananda um 1900 als der erste Yogi in die USA kam, traf er auf Christen, die ihr Christsein als Belehrtwerden verstanden. Das genügte ihnen. Sie begriffen nicht, was Vivekananda von ihnen wollte, als er darauf bestand: „Praxis ist absolut notwendig. Ihr könnt euch hinsetzen und mir jeden Tag stundenlang zuhören, aber wenn ihr nicht übt, werdet ihr keinen Schritt weiterkommen. Es hängt alles von der Praxis ab. Wir verstehen diese Dinge niemals, bis wir sie erfahren."[3]

Die Übungen dieses Buches machen Sie für sich, für Ihre Lebenswelt, und für die verborgenen Dimensionen dieser Wirklichkeit wahrnehmungsfähiger. Die Zeit des Belehrens ist in einem Zeitalter religiös mündiger Menschen vorbei. „Lehre" muss wieder die Urgestalt annehmen: Jemand, der Gott erfahren hat, führt andere Menschen zu spirituellen Erfahrungen hin – durch Einweihungsrituale und durch individuelle Übungen, die der Einweihung[4] dienen.

Die Reformation ist kein historisches Datum, auf dem man sich ausruhen könnte. Sie geht weiter. Die Übungen in diesem Buch setzen auf eine neue Reformation durch eine lebendige Mystik. Es geht um eine Mystik, die mitten im urbanen Kontext eingeübt werden kann. Was nützt das evangelische Dogma vom „allgemeinen Priestertum", wenn die „allgemeinen Priester" Gott nicht mehr spüren? Je ferner Gott ist, desto wichtiger wird der Streit über Kleinigkeiten – über Begriffe, über Dogmen, über Machtsphären. Je näher

---

3 Vivekananda, in: Baier 2, a. a. O. 476.
4 Ich gebrauche „Einweihung" im Sinne der frühkirchlichen Mystagogie, vgl. Sabine Bobert, Jesus-Gebet und neue Mystik, Kiel 2010, 47 ff.

Gott kommt, desto undogmatischer wird eine Religion. Jeder begreift, dass er seine Erfahrungen in diese, aber ebenso in jene Worte fassen könnte – und dass keines dieser Worte die Erfahrung fassen kann.

Aus einer lebendigen Mystik wird ein undogmatisches Christentum geboren, bei dem jeder seine Erfahrungen in eigene Worte fassen kann. Es wird eine Netzwerk-Kirche entstehen, die sich quer zu den konfessionellen Grenzen organisiert. Sie öffnet sich aus der Mitte der Gotteserfahrung heraus für den Austausch mit anderen Religionen. Die neuen Mystikerinnen und Mystiker lassen den Streit über Begriffe hinter sich, weil sie durch Erfahren begreifen.

2. Einen mentalen Wendepunkt einleiten

„Irgendwann ist der Zeitpunkt erreicht, wo einen der Gedanke befällt, bis hierher so viel Falsches und Peinliches getan, so viel Unsinn geredet, so viel Entscheidendes versäumt zu haben, dass es in diesem einen Leben nie mehr wettzumachen ist. Wenn man dann versucht, es dennoch wettzumachen, beginnt der interessantere Teil desselben."[5]

„MTP" steht für „Mental Turning Point" – „Mentaler Wendepunkt". Drei einfache Übungen geben Menschen den Schlüssel zur Lebenswende. Die Klosterübungen im Westentaschenformat bündeln die spirituelle Weisheit der ersten christlichen Wüsteneinsiedler für heutige Lebensverhältnisse. Alle drei Übungen führen Menschen in ihre Wesensmitte. Wer mit der eigenen Mitte verbunden ist, sieht sein Leben und die Welt anders. Für diese Verwandlung durch

---

5   Michael Klonovsky, <http://www.michael-klonovsky.de/content/view/13/41/> (Zugang am 30.10. 2011).

Zentrierung reichen drei Übungen. In der Mystik ist weniger stets mehr. Lieber einen Diamanten haben als 100 Kilo Brikett. Qualität statt Quantität. MTP ist spiritueller Minimalismus.

Die Übungen sind schnell erlernbar. Sie passen in jedes Zeitfenster des Arbeitstages. Die Miniübungen erfordern weder weiterführende Kurse noch eine jahrelange Dauerabhängigkeit von einem Lehrer. Man kann mit den MTP-Übungen drei Ziele verfolgen: Coaching, Heilung und Mystik. Ob eine Mystik gut ist oder ob sie lediglich in Parallelwelten führt, das erweist sich im Alltag. Bei einer alltagstauglichen Mystik werden einem die Gedanken, Gefühle und Willensimpulse zunehmend klar. Ein Schleier aus alten Mustern lichtet sich. Ein Leben aus Wiederholungsschleifen öffnet sich zum Leben live. Ab jetzt gibt es nichts Spannenderes als das Leben selbst.

Zu welchem Ziel Sie mit den Übungen unterwegs sind, das bestimmen Sie selbst. Sie steuern dies über die Übungsfrequenz. Wer wenig übt, lebt weiterhin zerstreut und hält seine mentalen und emotionalen Schleifen für die Wirklichkeit. Wer viel übt, kommt im Jetzt an. Er erlebt sich als Schöpfer der Wirklichkeit.

3. Die MTP-Willens-Übung

In unserer Kultur lernen wir, dass wir autonome und freie Bürger sind. Doch wie autonom sind wir tatsächlich? Wie stark werden wir täglich manipuliert? Dies zeigt uns die Willens-Übung. Statt Ihnen einzureden: „Sie sind frei" oder „Sie werden andauernd manipuliert", machen Sie sich lieber selbst ein Bild davon. Das geht ganz einfach: Denken Sie sich eine spielerische Minihandlung aus, die Sie mitten unter

Menschen ausführen können. Führen Sie diese Handlung ab jetzt zu jeder vollen Stunde aus, die Sie wach sind. Gönnen Sie sich gegen Perfektionismus einen Korridor der Barmherzigkeit von plus/minus 15 Minuten. Es reicht, die Handlung kurz einmal auszuführen!

Beispiele: sich kurz ans Ohr tippen, mit den Zehen wackeln, zwei Finger zusammenlegen.

Spielregeln:
- Legen Sie allen Leistungsdruck ab! Die Übung ist keine weitere Pflicht in Ihrem vollen Tagesprogramm! Mit Leistungsdruck verderben Sie sich die Freude beim Üben.
- Kritisieren Sie sich nicht für Fehlschläge! Gratulieren Sie sich stattdessen für jeden kleinen Erfolg!
- Es geht beim Üben nicht um Drill, sondern darum, dass Sie Ihrem eigenen Willen umringt von Pflichten und Wünschen anderer regelmäßig Aufmerksamkeit schenken, damit er stärker wird.
- Die Übung ist eine spielerische Selbstbegegnung. Sie sollen hier nicht funktionieren müssen!
- Die Minihandlung soll einfach sein, damit Sie sie jederzeit und überall ausführen können. Gegenbeispiel: Eine Blume zu gießen, passt nicht in jede Situation und erfordert zu viel Aufwand.
- Die Handlung soll ausgeführt und nicht nur gedacht werden. Es geht darum, dass Sie Ihren Körper als Hauptwerkzeug zum Handeln einbeziehen.
- Nur ihr eigener Wille, nicht äußere Wecker wie das Handy, darf Sie an Ihr Vorhaben erinnern. Ihr Wille selbst soll zu Ihrem inneren Wecker werden.
- Rechnen Sie mit mehreren Jahren für die Entwicklung eines Willens, der sich nicht durch Pflichten ausschal-

ten lässt und der sich nicht durch die Wünsche anderer ablenken lässt.

Höherer Schwierigkeitsgrad

Die stündliche Variante ist für Einsteiger die einfachste, weil Sie hier die meisten Trefferchancen haben. Sollte Ihnen die Übung über mehrere Monate hinweg mit etwa zehn Treffern pro Tag gelingen, dann können Sie den Schwierigkeitsgrad durch diese Varianten steigern:

- Reduzieren Sie die Übung auf drei oder vier von Ihnen gewählte Zeitpunkte pro Tag.
- Schwierige Situationen wählen: Wählen Sie Übungszeiten, zu denen Ihnen die Übung bislang am schwersten fiel.
- Zu jeder Tageszeit eine andere Minihandlung machen: Wählen Sie unterschiedliche Minihandlungen für Ihre verschiedenen Übungszeiten.
- Variieren Sie monatlich, wöchentlich oder täglich Ihre Übungszeit. Legen Sie beispielsweise morgens fest: „Heute will ich es um 10.45 Uhr, um 13.30 Uhr und um 17.30 Uhr schaffen."

Hören Sie nicht auf zu trainieren!

Hören Sie möglichst nie mit dieser Übung auf. Sie werden ähnliche Erfahrungen machen wie beim Sport. Sie können sich durch eine höhere Übungsfrequenz einen stärkeren „Willensmuskel" antrainieren. Sie können durch eine Basisrate an Übungen die gute Form, die Sie erreicht haben, erhalten. Wenn Sie aufhören zu üben, sinken Sie früher oder später auf Ihren anfänglichen Trainingslevel zurück.

Ziele
Sie können mit dieser Übung mehrere Ziele verfolgen:
a) Ihre *Selbstwahrnehmung* zum Schutz vor Burn-out steigern,
b) *Selbststeuerung*: Ihren Willen stärken, damit Sie mehr eigene als fremde Ziele umsetzen können,
c) *Positive Selbstbeziehung:* Ihren Selbsthass in Mitgefühl verwandeln,
d) *Objektive Wahrnehmung* einüben, die sich vom Urteilen oder Kritisieren unterscheidet.

a) Selbstwahrnehmung zum Burn-out-Schutz
In der ersten Übungsphase dient Ihnen die Willens-Übung als reine Achtsamkeitsübung. Protokollieren Sie gedanklich oder schriftlich, wann Ihnen Ihre Minihandlung gelingt und wann sie noch schwerfällt. Sie erhalten dadurch ein Tagesprofil mit Ihrer eigenen Stresskurve. Wenn die Übung gelingt, sind Sie bei sich. Zu den anderen Zeiten sind Sie außer sich, meist versunken in Pflichten und in Erwartungen anderer.

Ihre Minihandlung kann Sie vor Burn-out schützen. Sie signalisiert Ihnen wie ein guter Freund, wann Sie aus der Balance kippen und wann Sie sich in Pflichten und in Beziehungen verlieren. Eine gesunde Beziehung lebt davon, dass jeder zugleich mit sich selbst in Kontakt bleibt. Wer sich zu lange im Außen verliert, erschöpft sich. Die Übung wird Ihnen Ihre Gefahrenzonen im Tagesprofil markieren.

Üben Sie zuallererst mit dem Ziel der Selbstwahrnehmung. Liebe beginnt mit Aufmerksamkeit. Durch die Übung schenken Sie sich Aufmerksamkeit. Ihre Minihandlung wirkt wie eine Lupe. Sie können jetzt genau hinschauen: Was geschieht mit meinen kleinen Willensvorsätzen? Wer oder was kommt mir immer dazwischen?

Daher: Bevor Sie bei der Übung nach Erfolg streben: Nehmen Sie zunächst möglichst liebevoll Ihr persönliches Tagesprofil wahr: Wer und was ist derzeit noch stärker als mein Willensvorsatz? Wer lenkt mich ab? Die Antwort der meisten Seminarteilnehmerinnen und -teilnehmer lautet: Meist sind es Menschen mit ihren Wünschen und Erwartungen, und es sind Pflichten, die so viel Druck ausüben, dass wir unsere Willensvorsätze vergessen. Pflichten sind oft mit Sanktionen verbunden: Man bekommt Ärger, wenn man sie nicht erfüllt. Zur Pflichterfüllung treiben uns Gefühle an wie Angst und Unlust vor Ärger. Die Willens-Übung zeigt Ihnen, inwieweit Sie etwas schaffen, das nur Sie selbst wollen, unabhängig von Lob und Tadel der anderen. Mit Hilfe der täglichen Übung stärken Sie Ihren eigenen Willen. Die Übung bringt Pflichten und Eigenwille in eine gesunde Balance.

Die Willens-Übung hilft besonders Menschen, die schon als Kinder viel für andere sorgen mussten: die auf kleine Geschwister aufpassten, Eltern bei ihren Problemen unterstützten und eigene Bedürfnisse zurückstellten. Selten oder nie wurden sie gefragt: „Was möchtest *du*?" Diese Menschen sind sehr sensibel für die Bedürfnisse der anderen geworden, und sie nehmen berufliche Pflichten sehr ernst. Doch ihre eigenen Bedürfnisse bleiben ihnen unklar.

Dadurch entsteht ein starkes Ungleichgewicht. Sie selbst scheinen keine Aufmerksamkeit wert zu sein. Einseitige Liebe, bei der man sich und seine Kraftquellen verliert, macht unglücklich, neidisch und führt ins Burn-out. Jesus geht von einer Balance aus: „Liebe deinen Nächsten *wie* dich selbst." Liebe klammert niemanden aus – auch nicht Sie.

b) Selbststeuerung: eigene Ziele umsetzen können
In der zweiten Übungsphase geht es darum, aus dem Funktionieren auszusteigen. Sie leben nicht nur, um Pflichten

und die Wünsche anderer zu erfüllen. Die Wahrnehmung: „Ich habe die Minihandlung vergessen: um 12.00 Uhr, um 13.00 Uhr, um 14.00 Uhr, ..." zeigt Ihnen an, dass die Balance zwischen eigenen Vorsätzen oder Wünschen und den abzuarbeitenden Pflichten und Erwartungen anderer zu Ihren Ungunsten gekippt ist. Dies wiederholt wahrzunehmen, führt zunächst zu einer nüchternen Bilanz.

Führen Sie gedanklich oder auf dem Papier eine *Liste* mit den Situationen, in denen Ihnen die Übung besonders schwerfällt. Diese Liste zeigt Ihnen, wo Sie zu weit aus sich herausgehen.

Solch eine realistische Datenbasis hilft Ihnen, schneller aus einem fremdbestimmten Leben aussteigen zu können. Die Willens-Übung konkretisiert für Sie im Stundentakt, warum Sie sich vielleicht leer und unerfüllt fühlen. Sie erkennen jetzt, in welcher Form auch bei anderen Lebenswünschen „irgendwie immer etwas dazwischenkommt". Zum Verwirklichen großer Wünsche benötigen Sie einen trainierten Willen.

Die Willens-Übung fällt vielen Menschen schwer. Sie schmerzt, weil sie die Übenden enttäuscht. Sie spiegelt Ihnen die Kluft zwischen Ihrem Selbstbild und Ihrer Lebenswirklichkeit wider. Sie könnten die Übung fortan sein lassen („funktioniert sowieso nicht", „bringt mir nichts") und an Ihrem Selbstbild als autonomer, willensstarker Mensch festhalten.

Ich möchte Sie dazu ermutigen, auch bei vielleicht geringen Erfolgen weiterzuüben. Spiritualität führt uns in die Wahrheit. Sie hat über lange Strecken hin wenig mit Wellness zu tun. Sie lässt uns Menschen aus kulturellen Trancen und einem tiefen Bewusstseinsschlaf aufwachen.

Die Übung ist der Motor für Ihren spirituellen Weg. Wer die Wahrheit erkennen will, braucht einen starken Willen, denn die Wahrheitserkenntnis setzt die Selbstverwandlung des Erkennenden voraus. Sonst gibt man in Entwicklungskrisen und auf Durststrecken auf. Es gibt keine spirituelle Verwandlung, abgesehen von Widerfahrnissen wie Nahtoderfahrungen oder einzelnen Gipfelerfahrungen (peak experiences), ohne tägliches Üben. Der Übende ist der eigentlich spirituelle Mensch. *Emotionale* Menschen sind rasch entflammt, werden aber ebenso bald von anderen Impulsen abgelenkt. *Intellektuelle* Menschen, deren Wille untrainiert ist, belassen es häufig bei richtigen Gedanken und überlassen das Handeln anderen. *Beide* kommen auf dem mystischen Transformationsweg kaum voran, wenn sie ihren Willen nicht trainieren und möglichst täglich ihre Grundbewusstseinskräfte (Denken, Fühlen, Wollen) durch Üben klären, bis diese sehfähig werden für die allem zugrunde liegende Wirklichkeit.

c) Selbsthass in Mitgefühl verwandeln

Erst wenn Sie die Willens-Übung längere Zeit mit der Haltung einer liebevollen Selbstwahrnehmung geübt haben, können Sie damit beginnen, erfolgsorientiert zu üben. Beherzigen Sie dabei bitte den Grundsatz: *Beschimpfen Sie sich bitte nicht* für Ihre Willens-Blackouts! *Entwickeln Sie stattdessen Mitgefühl für sich selbst*: dass andere Menschen und Pflichten mit Ihnen gemacht haben, was sie wollten. Nicht Selbsthass, nur die Liebe wird schöpferisch wirken und Ihnen neue Wege erschließen.

Das Schwierige an der Willens-Übung ist weder die Übung an sich noch das Scheitern. Das Schwierige ist *Ihre persönliche Reaktion* auf das Scheitern. In vielen Menschen lebt so etwas wie eine innere Höllenarmee. Ich nenne sie die „Monster-Armee". Sie prügelt nach Fehlschlägen auf Sie ein mit Sätzen wie: „Schäm dich!", „Aus dir wird nie was!" Diese

Quälgeister wurden im Laufe des Lebens von anderen übernommen. Unbewusst machen sie Ihnen das Leben zur Hölle. Das Schwere, aber zugleich Heilsame an der Willens-Übung ist: Sie hebt Ihnen die Monster lautstark ins Bewusstsein. Das Schmerzlichste, was Sie sich antun könnten, wäre: dass Sie Ihren Monstern gehorchen, deren Sätzen zustimmen und meinen, Sie hätten diese Beschimpfungen verdient. Die beste Art, mit diesen Sätzen umzugehen, ist: Hören Sie diese Beschimpfungen. Aber hören Sie nicht *auf* sie! Hören Sie lieber auf, diesen Unsinn zu glauben! Verweigern Sie den Monstern ab jetzt den Gehorsam!

Monströse Sätze stammen von Menschen, die überfordert waren und Sie nicht angemessen fördern konnten. Zum erfolgreichen Lernen gehören Geduld und Toleranz für Fehlversuche. Geduld ist eine Gestalt der Liebe. Beenden Sie die lieblosen Zeiten, in denen Menschen Ihnen keine Fehlschläge erlaubten! Beschließen Sie das bewusst! Versprechen Sie sich selbst: „Ich fördere mich durch eine liebevolle und humorvolle Grundhaltung." Indem Sie dies immer wieder bei Fehlschlägen mit der Willensübung versuchen, werden Sie immer liebevoller mit sich umgehen.

d) Objektive Wahrnehmung einüben, die bewusst vom Urteilen getrennt wird
Nehmen Sie stressfrei und ohne sich zu verurteilen wahr, wann Ihnen die Übung gelingt und wann nicht. Sie üben damit eine spirituelle Grundhaltung ein: etwas wahrzunehmen, ohne es zu bewerten. Nehmen Sie Ihre Schwachstellen und Missgeschicke beim Üben wahr, als wären sie ein Schmetterling, der an Ihnen vorbeiflattert. Ersetzen Sie Ihre selbstkritischen Sätze durch den Satz: „*Es ist so, wie es ist.*"
Üben Sie trotz aller Missgeschicke täglich unverdrossen weiter wie ein Kind, dessen Bauklötze beim Turmbau an-

fangs immer wieder einstürzen. Nehmen Sie wieder die Lernhaltung eines Kindes ein. Sie wird Ihr Leben verändern.

Falls es Sie tröstet: Sie befinden sich in guter Gesellschaft, falls die Übung in den ersten Monaten nur selten gelingt. Nur Wenigen gelingt es, in Gesellschaft und beim Abarbeiten von Pflichten mit dem eigenen Willen in gutem Kontakt zu bleiben.

4. Die MTP-Gefühlsübung

Erschaffen Sie sich in der Fantasie Ihren Traumort, an dem Sie sich perfekt entspannen können. Dieser Ort und Ihre Rolle darin können märchenhafte Züge tragen. Begeben Sie sich mit allen Sinnen an Ihren Ort. Spüren Sie ihn körperlich.

- Beispiel: „Ich wohne in meinem eigenen Land hinter dem Deich. Ich reite auf einem Islandpony über den Deich zum Meer."
- Beispiel: „Ich bewohne ein Schloss. Ich sitze auf meiner Schlossterrasse und trinke Kaffee."

In der Szene bleiben:
Versuchen Sie anfangs, in diesem Zustand zwei bis fünf Minuten zu verweilen. Wenn Sie durch Geräusche oder Gedanken abgelenkt werden, grübeln Sie nicht darüber. Kehren Sie in Ihre Szene zurück und spüren Sie wieder dieses Gefühl.

Die Szene in den Alltag nehmen:
Gehen Sie wiederholt im Alltag in diese Szene. Hüllen Sie sich schützend in Ihr Gefühl ein. Sie werden dadurch autonom von den Launen anderer.

Meditieren für andere:
Nehmen Sie Ihre Freunde sowie Menschen(-gruppen), die Ihre Unterstützung brauchen, mit in dieses Gefühl hinein, indem Sie es ihnen „senden".

Kriterien für Fortschritte mit der Übung:

Dauer: Sie steigern die Verweildauer durch mehr Übungsintervalle, bis Sie den ganzen Tag über in Ihrer positiven Grundstimmung leben.

Stärke: Das Gefühl kann so stark werden, dass Sie mit seiner Hilfe Ihren Körper direkt entspannen können.

Klarheit: Sie können verschiedene Gefühle jeweils klar in sich erzeugen.

Unabhängig vom Bild werden: Statt eines Bildes reicht ein Gedanke (z. B. „Ich bin am perfekten Ort") als Auslöser für das starke, klare Gefühl.

Krisenfest: Sie können das Gefühl in kritischen Situationen in sich erzeugen.

Meditieren für andere: Sie tragen andere mit dem von Ihnen erzeugten Gefühl und steuern in Ihrem Arbeitsbereich das Gruppenklima gezielt mit.

Feindesliebe: Sie nehmen Ihren Feinden die Macht, indem Sie deren Hassfrequenzen durch positive Gefühle auflösen.

Warum ist es sinnvoll, mit inneren Bildern zu arbeiten?
Prof. Dr. Wolf Singer vom Frankfurter Max-Planck-Institut für Hirnforschung begründet den Sinn der Arbeit mit inneren Bildern wie folgt: „Wie kernspintomographische Untersuchungen zeigen, ähneln diese Muster [wenn man sich ein Objekt bildlich vorstellt] bis ins Detail jenen, die man findet,

wenn die Probanden dasselbe Objekt mit offenen Augen betrachten."[6]

Prof. Dr. Herbert Benson argumentiert ähnlich wie Singer: „Die Szenen, an die wir uns erinnern oder die wir uns vorstellen, sind für das Gehirn real."[7] Für unser Gehirn ist es gleichgültig, ob wir einen Gegenstand oder ein Ereignis *real vor uns sehen*, oder ob wir den Gegenstand als *inneres Bild betrachten*. Unser Gehirn unterscheidet nicht zwischen äußerer und innerer Wirklichkeit, wenn die Bilder der inneren Wirklichkeit klar und stark genug sind.

Das Gehirn reagiert auf äußere und innere Bilder gleich. Innere Bilder werden körperlich real, indem das Gehirn aufgrund dieser Bilder körperliche Prozesse auslöst. „Wenn Sie träumen, daß Sie verfolgt werden, beschleunigt sich Ihr Puls genauso, als würden Sie tatsächlich verfolgt. Für Ihr Gehirn, und damit auch für Ihr Herz, ist die Verfolgung real."[8]

Dies bedeutet für unseren Umgang mit Bildern:

- Spiritualität kann heilen, indem sie uns von krank machenden Gedanken befreit und uns auf Bilder konzentriert, die heilende Gefühle in uns kultivieren.
- Vertiefen Sie sich nur in die Bilder, die Ihre Lebensziele wiedergeben.
- Das Fernsehprogramm kann, je nach Qualität, krank machen.
- Therapie-Ansätze können seelische Krankheiten verstärken, wenn krank machende Szenen wiederholt betrachtet werden.
- Wer seine Gedanken und inneren Bilder nicht ordnet, kann sein Leben nicht steuern.

---

6 Wolf Singer/Matthieu Ricard, Hirnforschung und Meditation, Frankfurt a. M. 2008, 71.

7 Herbert Benson, Heilung durch Glauben, München 1997, 96.

8 Benson, a. a. O., 73.

- Nehmen Sie zunehmend wahr, was Ihre Konzentration im Alltag fesselt und dadurch Ihr Gehirn formt.

Helen Neville, Ph. D., Neurowissenschaftlerin und Leiterin des Brain Development Laboratory an der Universität Oregon, ist überzeugt: „In vielerlei Hinsicht ist die Aufmerksamkeit der Schlüssel zur Formbarkeit des Gehirns."[9]

Sie entscheiden durch die Richtung Ihrer Konzentration, von welchen Eindrücken Sie Ihr Hirn modellieren lassen.

5. Mantren in der Lebensgeschichte

Unsere Persönlichkeit strukturiert sich lebensgeschichtlich um Mantren herum:
- wiederholte Slogans von den Eltern („Tollpatsch!"),
- Liedzeilen (Hits aus der Jugendzeit),
- Werbeslogans.

Testen Sie es, wie tief solche wiederholten Botschaften in Sie eingedrungen sind. Rufen Sie sich Werbemantren aus Ihrer Jugendzeit wach.

Berichte von Personen, die mit dementen Menschen arbeiten, zeigen: Die mantrenförmigen Kernbotschaften überleben in uns selbst dann noch, wenn der Rest unseres Bewusstseins verfällt. Positiv heißt dies: Wir können Persönlichkeitskerne in uns aufbauen, die krisenfest und sogar demenzbeständig sein können!

Mentale Autonomie heißt: sich gezielt diese Personkerne selbst zu wählen, statt sich diese Kerne von Radiojingles, Werbeslogans, Popsongs oder von gestressten Eltern aufbauen zu lassen.

---

9   In: Sharon Begley, Neue Gedanken, neues Gehirn, München 2007, 285.

Mantren – die Gebetsform christlicher Mystiker

Mantrisches Beten führt in das Zentrum christlicher Mystik. Die großen spirituellen Lehrer im Christentum bevorzug(t)en als Gebetsform die mentale Sammlung in einem Mantra.

Die frühen christlichen *Wüsteneinsiedler* wählten Psalmverse wie „Der Herr ist mein Hirte."

Johannes *Cassianus* (etwa 360–435) brachte die Technik der Wüsteneinsiedler in das westliche Christentum. Er wählte den Psalmvers 70,2: „Gott, komm mir zu Hilfe. Herr, eile mir zu helfen." Cassian kennt die mystische Kraft mantrischer Gebete und nennt sie „Formel der geistigen Schau".[10]

Benedikt von Nursia (480–547), auf den das benediktinische Mönchtum zurückgeht, übernahm Cassians Gebetsform für sein Kloster. Mit Cassians Gebets-Vers beginnen noch heute die Gebetszeiten der Benediktiner.

Bruno von Köln (1027–1101), auf den das Mönchtum der Kartäuser zurückgeht, betete mit dem Wiederholungsgebet „O bonitas" – „O Gutheit / Güte!"

Franz von Assisi (1181–1226), der Gründer des Franziskanerordens, betete Nächte durch mit dem Mantra „Deus meus et omnia" – „Gott, Du mein Ein und Alles."

Die Mystiker-Schule, die mit der Anleitung „*Die Wolke des Nichtwissens*" aus dem 14. Jahrhundert betete, wiederholte spirituelle Wörter wie „Gott", „Liebe", „Sünde".[11]

Der Gründer des Jesuiten-Ordens *Ignatius von Loyola* (1491–1556) lehrte seine Schüler das mantrische Beten zusammen mit einer Atemtechnik. Er gab ihnen mantrische

---

10 Johannes Cassian, Unterredungen mit den Vätern, Münsterschwarzach 2011, Coll. X,10, S. 310, hier übersetzt mit: „eine Gebetsform für das Schauen im Geist".

11 Willi Massa, Kontemplative Meditation. Die Wolke des Nichtwissens. Einführung und Anleitung, Mainz 1974.

Formeln mit dem Gottesnamen „Vater unser" und das Jesusgebet „Jesus Christus, Sohn Gottes, erbarme dich meiner".[12]

Alle *orthodoxen Mönche* und Nonnen beten bis zum heutigen Tag ununterbrochen das Jesusgebet „Jesus Christus, Sohn Gottes, erbarme dich meiner". Bis zur Gegenwart erreichen dadurch Christen höchste mystische Stufen. Meister aus der griechischen Mönchsrepublik auf dem Berg Athos wie Vater Paisios[13] und der Einblick in das Lehrer-Schüler-Verhältnis durch „Die Aufrichtigen Erzählungen eines russischen Pilgers" aus dem 19. Jahrhundert bezeugen dies.[14]

Den eigenen Geist steuern lernen

Warum ist es sinnvoll, mit einem Mantra zu arbeiten? Testen Sie es: Versuchen Sie, fünf Minuten lang nichts zu denken! Notieren Sie bitte, was Ihnen alles durch den Kopf ging.

In unserer Kultur lernen wir analytisch und differenziert zu denken. Doch niemand bringt uns bei, dieses Werkzeug für ein paar Minuten beiseitezulegen. Das wäre sinnvoll, um ruhig einzuschlafen, um Sorgen beiseitezulegen, um gelassen einer kritischen Situation entgegenzugehen oder um die Umgebung zu genießen. Das Werkzeug beherrscht uns.

Buddhistische Meditationslehrer nennen das Gedankenrasen „Affengeist" und „Schmetterlingsgeist". Affen hüpfen ständig von einem Ast zum nächsten. Und ein Schmetterling taumelt wie ziellos von Blüte zu Blüte.

---

12 Sabine Bobert, Jesusgebet und neue Mystik, Kiel 2010, 323 ff.

13 Paissios der Agiorit, Athonitische Väter und Athonitisches, Souroti bei Thessaloniki ¹¹2005; Kyriacos C. Markides, The Mountain of Silence, New York 2001.

14 Aufrichtige Erzählungen eines russischen Pilgers, hrsg. v. Emmanuel Jungclaussen, Freiburg ¹⁷2010. Dazu Bobert, Jesusgebet, a. a. O. 316 ff.

Ziel: den eigenen Geist steuern, auf Wesentliches zentrieren und für Gottes Gegenwart öffnen

Das Ziel der mantrisch betenden christlichen Mönche und Nonnen ist ein mentaler und emotionaler Zustand von Ruhe (griechisch: „hesychia"), Gelassenheit und Friede und zugleich hoher Konzentration (griechisch: „nepsis") und die Öffnung des Geistes für Gottes Gegenwart.

Ignatius von Loyola, der Gründer des Jesuitenordens, beschreibt den Zielzustand als „Indifferenz". Mit Indifferenz meint er eine Gelassenheit gegenüber allen Widerfahrnissen des Lebens, weil man von Liebe erfüllt ist.

Die MTP-Gedanken-Übung

Diese Übung ist die wichtigste der drei MTP-Übungen für eine mystische Persönlichkeitsentwicklung. Sie forciert unsere Persönlichkeitsentwicklung am stärksten.

Mystischer Weg des Jesusgebets:

Sie können wählen zwischen der Langfassung (in unterschiedlichen Längen): „Jesus Christus, (Sohn Gottes,) erbarme dich meiner, (des Sünders)."

Die Formel ist über 1500 Jahre alt und führt Sie in das Kraftfeld aller, die damit geübt haben. Sie ist bis heute die mystische Formel aller orthodoxen Mönche, Nonnen und Einsiedler.

Oder Sie beten mit der konzentrierten Kurzform: „Jesus Christus".

Andere Mantren:
- „Liebe" (aus der „Wolke des Nichtwissens", 14. Jh.)
- „Liebe umgibt mich." „(Ich bin) geborgen in Liebe."
- „Alles ist gut."
- „Alles ist eins."

Bei selbstgewählten Mantren ist wichtig:
- Sie konzentrieren uns auf heilende Inhalte.
- Sie sind in der Ist-Form. Zum Beispiel: „Alles *ist* gut." Statt: „Alles *wird* gut."
- Sie passen zum Atemrhythmus.

Ganz wichtig: OHNE innere Bilder arbeiten, keine emotionalen oder spirituellen Erlebnisse suchen.

Bilder halten den Geist in bekannten Strukturen fest. Konkrete Erwartungen verhindern Neues. Zudem bergen sie die große Gefahr von Autosuggestion. Die Geschichte der christlichen Bilder-Mystik ist zugleich eine Geschichte großer Hysterien.[15]

Übungsstufen

Im Unterschied zur Sitzmeditation starten Sie bei „Mystik und Coaching" mit dem Meditieren im Alltag. Selbstverständlich können Sie weiterhin Ihre Sitzmeditation praktizieren, falls dies bisher Ihr Übungsweg war. Ich ermutige Sie, zusätzlich das tägliche Leben als Trainingsort zu erobern. Machen Sie Ihren Alltag zu Ihrer Meditationsecke! Sie werden entdecken, wie das Ringen um Konzentration Sie zu noch größerer Bewusstseinsklarheit führt.

Die Konzentrationshilfe im Alltag ist: *Sprechen Sie Ihr Mantra integrativ!* Beziehen Sie jeden Stressor, jede Sorge, jede Angst in Ihr Mantra ein. Dadurch verhindern Sie im Ansatz, dass das Mantrabeten Sie in eine heilige Parallelwelt führt. Wir leben weiterhin in *einer* Welt. Wir heiligen alles, was uns widerfährt, indem wir es gedanklich mit den

---

15 Vgl. Peter Dinzelbacher, Christliche Mystik im Abendland – ihre Geschichte von den Anfängen bis zum Ende des Mittelalters, Paderborn 1994.

heiligen Gedanken unseres Mantras erfüllen. Wer sein Mantra *gegen* die Alltagswelt betet, spaltet sich und die Welt. Er wird sich geistig und seelisch schwer schädigen.

Langfristig wird das immerwährende Mantrabeten Sie dazu führen, dass Sie sich Ihrer eigenen Gedankenwelt bewusst werden. Dadurch gelangen Sie in eine Steuerungsposition. Sie werden nicht mehr von automatisierten Gedankenschleifen gelebt. Sondern Sie können zunehmend selbst wählen, was Sie denken wollen. Dies ist eine zentrale Voraussetzung dafür, dass Sie Ihr Leben steuern können. Denn das, was wir überwiegend denken, werden wir – bewusst oder unbewusst – in Handlungen umsetzen. Unser ganzes Leben ist insofern eine self-fulfilling prophecy.

- Einüben: Am besten, Sie beginnen mit der Mantrameditation im Alltag stufenweise. Anfangs brauchen Sie vielleicht *ein paar ruhige Minuten*, um das innere Sprechen Ihres Mantras einzuüben. Nutzen Sie hierfür eine tägliche Routine, bei der Sie kaum abgelenkt werden: die Zeit morgens und abends im Bett, das Ausführen Ihres Hundes, die Joggingrunde, die Zeit unter der Dusche, im Bus oder mit dem Fahrrad zur Arbeit.

- Stand-by-Zeiten nutzen: Sprechen Sie die Formel zusätzlich in *allen* Situationen, in denen Sie nicht konzentriert denken müssen. Verwandeln Sie den Gang durch den Flur, das Warten auf den Bus, Einkaufen und Hausarbeit in Klosterzeit.

- Kritische Momente: Sobald dies gut gelingt, sprechen Sie Ihr Mantra gezielt in belastenden Momenten, die Sie aus Ihrem inneren Gleichgewicht reißen: in Konflikten am Arbeitsplatz, beim Gedankenkreisen und bei erdrückenden Gefühlen. Hierfür können Sie das Mantra erweitern: „Jesus Christus – für meine Sorgen" (analog: „Liebe umgibt mich – mit meinen Sorgen") oder „Jesus

Christus – für das Gespräch". Dadurch wird alles Negative mit dem Kraftzentrum verbunden, und nichts wird verdrängt.

- Nutzen Sie das Mantra als Fürbitte: Verbinden Sie Ihr Mantra mit den Namen der Menschen, um die Sie sich sorgen: „Christus Jesus – für XY." (oder die Langform – „erbarme dich XY"; „Liebe umgibt mich – und XY").
- Sprechen Sie das Mantra als Schutz vor Ihren Feinden bzw. als Fürbitte für Ihre Feinde. Die Form ist die gleiche wie bei der Fürbitte: „Jesus Christus – für XY." Indem Sie den Feind in die Gottesbeziehung hineinnehmen, blockieren Sie die negativen Energien, die er Ihnen sendet, und Sie tragen zu seiner Weiterentwicklung bei.
- Die Stille genießen: Wenn das Mantra in Ihnen eine tiefe Ruhe erzeugt, müssen Sie es nicht mehr sprechen. Genießen Sie die Stille und sprechen Sie es erst wieder, wenn die Gedanken wieder zu kreisen beginnen.

Einen mühelosen Konzentrationsflow erzeugen: Die Kopplung an den Atemstrom
Verbinden Sie das Sprechen des Mantras mit Ihrem Atemstrom. Verändern Sie Ihren Atemrhythmus nicht. Nur der Einklang mit dem *natürlichen* Rhythmus schafft Ruhe.

Die frühen christlichen Mönche waren genaue Beobachter und dadurch gute Psychologen. Faktisch nutzten sie den *„Pawlow'schen Reflex"* und die Lehre von der „Klassischen Konditionierung" durch die Verkopplung zweier Reize miteinander. Beispiel:

Reiz A: Eine Lampe leuchtet auf.

Reiz B: Gleichzeitig erhält Pawlows Hund Futter.

Wirkung: Nach der Konditionierungsphase reicht Reiz A aus, damit der Hund seinen Speichelreflex bekommt.

Auf dieselbe Weise *koppelt die Werbung* Gefühle *an Produkte.* Der Kunde sieht nach der Konditionierung durch Werbung das Produkt und erzeugt nun selbst das Gefühl (den „Speichelreflex" mit Appetit auf das Produkt).

Die christlichen Wüsteneinsiedler strebten nach müheloser Konzentration. Sie koppelten Reiz A: das Sprechen des Mantras, an einen Reiz B: an die gleichzeitige Konzentration auf den Atemfluss.

Reiz A: Konzentration auf den Jesus-Namen

Reiz B: Konzentration auf den Atemstrom

Wirkung: Nach einer Konditionierungsphase reicht das
    Atmen aus, damit das Gebet weiter innerlich erklingt
    und damit man in einem Konzentrationsflow bleibt.

Die Mönche hatten durch diese Reizkopplung ihr Ziel erreicht: „Betet ohne Unterlass" (1Thess 5,17). Sie richteten ununterbrochen ihre Konzentration auf die höchste Wirklichkeit aus und ließen sich durch nichts im Alltag ablenken.

Wer in diesem Stadium übt, erlebt den Alltag als Flow.[16] Er ist ständig mühelos hellwach. Er hat keine gedanklichen Aussetzer, kann sich flexibel auf verschiedene Situationen einlassen und kann verschiedene Ebenen eines Problems mühelos erfassen. Diese Mühelosigkeit ist mit einem tiefen Glücksgefühl verbunden. Tagesgeschäfte stören dieses Glücksgefühl nicht mehr. Das Leben wird so, wie es ist, als lebenswert empfunden. Gott strahlt durch alle Dinge: Er ist „im Umgang mit jemand, im Gehen, Sehen, Schmecken, Hören, Verstehen und in allem, was wir tun; denn es ist wahr, dass seine göttliche Majestät ... in allen Dingen ist".[17] Die Mitbrüder berichten

---

16 Zu Flow-Erfahrungen: Bobert, a. a. O. (Anm. 3), 300 ff.

17 Juan de Polanco im Auftrag des Ignatius von Loyola in einem Brief vom
    1. Juni 1551 an Antonio Brandao, einen Studierenden des Ordens. Zitiert
    nach: Peter Knauer, Hinführung zu Ignatius von Loyola, Freiburg 2006, 37.

über den Mystiker Ignatius von Loyola: „Wir sahen, wie er sehr oft von kleinen Dingen Gelegenheit nahm, den Geist zu Gott zu erheben, der auch in den geringsten wunderbar ist. Wenn er eine Pflanze, einen Grashalm, ein Blatt, eine Blume, irgendeine Frucht sah oder bei der Betrachtung eines Würmchens oder sonst eines Tierleins, wurde er über die Himmel erhoben und drang in das Innerste und den Sinnen Entzogene ein."[18] „Gott" ist für den Mystiker weder abstrakt noch jenseits. Er wird diesseitig erlebt.

---

18   Zitiert nach: Peter Knauer, Hinführung zu Ignatius, a. a. O. 38.

Geist und Kommunikation

Gottund Kommunikation

Kristina Kühnbaum-Schmidt

Vertrauen als Leitungsaufgabe in Veränderungsprozessen

1. Kreativität braucht Vertrauen

In Veränderungsprozessen wird von den Menschen, die sie gestalten und erleben, unterschiedliches verlangt. Viele Hoffnungen richten sich darauf, dass in Veränderungsprozessen „Kreativität" walten oder zum Ausdruck kommen kann – im Wortsinn schöpferische Kraft, die sich sowohl in aktivem Tun als auch passivem Geschehenlassen ausdrücken kann. Nach gegenwärtigen neurobiologischen Erkenntnissen sind die Voraussetzungen für Kreativität Motivation, Offenheit, Entdeckerfreude und Gestaltungslust, Muße und Vertrauen. Vertrauen ist deshalb wichtig, weil es hilft, mit Angst umzugehen – Angst, die gerade in Veränderungsprozessen aufkommt und eher zum Rückgriff auf bisher bekannte und bewährte Lösungen veranlasst als dazu führt, dass neue Wege gesucht und gegangen werden. Vertrauen hilft, mit Angst umzugehen und Angst zu überwinden. Der Neurobiologe Gerald Hüter und der systematische Berater Bernd Schmid unterscheiden dabei drei Ressourcen, die helfen, Angst und Verunsicherung zu überwinden:

„(1) Vertrauen in eigene Fähigkeiten, eigenes Wissen, eigene Erfahrungen. (2) Vertrauen in die Fähigkeit und Bereitschaft anderer zu Zusammenarbeit und gegenseitiger Hilfe. Auch das Vertrauen in das Verständnis, das uns andere entgegenbringen, gehört hierher. (3) Vertrauen darauf, dass etwas ‚die Welt im Innersten zusammenhält', das ‚Orientierung bietet oder verspricht' und unserem Leben und Leiden Sinn verleiht.'"[1]

2. Der Wunsch nach Vertrauen – Arten des Vertrauens

Weil Vertrauen in Veränderungsprozessen so wichtig ist, ergeht in solchen Prozessen bisweilen die wenig hilfreiche Aufforderung, „doch mehr Vertrauen zu haben". Bei derartigen Appellen bleibt unklar, welche Art von Vertrauen eigentlich gefordert wird oder gemeint ist. Selten wird offen thematisiert oder zumindest verstanden, dass Menschen abwägen, ob und wem sie welches Vertrauen gewähren, weil es jeweils mit Risiken verbunden ist. In der Beratung von Organisationen unterscheidet man drei Arten von Vertrauen, die jeweils mit einem spezifischen Risiko verbunden sind:[2]

(1) Vertrauen auf Kompetenzen und Fähigkeiten = kompetenzbasiertes Vertrauen; das damit verbundene Risiko ist das sogenannte Leistungsrisiko: Man vertraut darauf, dass eine bestimmte Person eine bestimmte Leistung erbringt, ohne zu kontrollieren, ob genug Fähigkeiten vorhanden sind.

---

1   Gerald Hüther / Bernd Schmid, Der Innovationsgeist fällt nicht vom Himmel. Kreativität in Menschen und Organisationen aus neurobiologischer und systemischer Sicht, in: Astrid Schreyögg / Christoph Schmidt-Lellek (Hrsg.), Die Organisation in Supervision und Coaching, Wiesbaden 2010, 126–141.130.

2   Vgl. zum Folgenden: Peter Eberl, Die Bedeutung von Vertrauen in schwach formalisierten Organisationen – Konsequenzen für die Führungspraxis, in: Astrid Schreyögg / Christoph Schmidt-Lellek (Hrsg.), Die Organisation in Supervision und Coaching, Wiesbaden 2010, 95–110.

(2) Vertrauen auf moralische Integrität = wertbasiertes Vertrauen; das damit verbundene Risiko ist das moralische Risiko: Es besteht in der Sorge, dass sich der andere nicht an Wertvorstellungen hält, die man selber hat.

(3) Vertrauen auf den guten Willen einer Person = intentionsbasiertes Vertrauen; das damit verbundene Risiko ist das sogenannte Beziehungsrisiko: Verhält der andere sich ggf. opportunistisch? Hat er den Wunsch, auch die Wünsche des Vertrauenden zu erfüllen?

Es wird also wichtig sein, in Veränderungsprozessen ein Augenmerk darauf zu richten, welche Form von Vertrauen besonders wichtig oder besonders infrage gestellt sein könnte und die mit diesem Vertrauen verbundenen Risiken zu benennen und ggf. an ihrer Reduzierung zu arbeiten.

3. Vertrauen entsteht in Interaktionsgeschichten

„Betrachtet man die Entstehungsbedingungen von Vertrauen, dann stellt persönliches Vertrauen ein emergentes Ergebnis in einem Interaktionszusammenhang dar, das weder gefordert noch geplant werden kann."[3] Woran allerdings gearbeitet werden kann, ist die Herstellung von Rahmenbedingungen, damit Vertrauen wachsen kann. Diese Arbeit ist eine spezifische Aufgabe von Leitung.

---

3   Eberl, a. a. O. 104

4. Arbeit an den Rahmenbedingungen für Vertrauensbeziehungen ist Leitungsaufgabe

Um die Rahmenbedingungen für Vertrauen zu verbessern, kann man eine *interaktionsspezifische* und *interaktionsunspezifische* Betrachtungsweise wählen. Bei der Letzteren geht es darum, grundsätzliche Rahmenbedingungen zu schaffen, damit Vertrauensbeziehungen entstehen und sich entwickeln können, z. B. durch Feedbackprozesse, kooperative Aufgabenstellungen zwischen verschiedenen Gruppen oder Abteilungen usw. Bei der *interaktionsspezifischen* Betrachtung geht es um eine konkrete Beziehung zwischen einzelnen Personen, „die in Richtung von Vertrauen verändert werden soll".[4] Es geht dabei darum, wechselseitiges Vertrauen herzustellen, also zugleich Vertrauen zu signalisieren und sich selbst als vertrauenswürdig zu erweisen. Vertrauen bildet sich z. B. durch die Erfahrung, bei anderen Menschen willkommen zu sein und Hilfe, Beistand und Unterstützung bekommen zu können, oder wenn andere auf die eigene Arbeit mit hilfreichen Resonanzen reagieren. Immer geht es dabei darum, dass eine Organisationskultur entsteht und weiterentwickelt wird, die Menschen dazu einlädt, sich gegenseitig zur Entfaltung ihrer Gaben und Talente anzuregen.

5. Vertrauen, Mitmenschlichkeit und Glaube

Während Organisationsberatung und Neurobiologie den Blick auf die Entstehung, die Bedingungen und Folgen von Vertrauen richten und dazu anregen, gute Rahmenbedin-

---

4 Eberl, a. a. O. 105.

gungen für Vertrauen herzustellen, erinnert die Theologie daran, das Vertrauen nicht ausschließlich erarbeitet werden muss, sondern bereits gegeben ist. So beschreibt es der Theologe Ingolf U. Dalferth: „Der Wechsel vom Unglauben zum Glauben konstituiert Menschen als die Gemeinschaft derer, die in der Gewissheit leben, dass Gott ihnen vertraut, und die eben deshalb auf Gott als den hoffen, der ihnen auch dann vertraut, wenn sie selbst und von sich aus Gott nicht vertrauen – nicht mehr oder noch nicht."[5]

Vertrauen begründet sich damit nicht aus der sich in Prozessen erweisenden oder eben auch nicht erweisenden Vertrauenswürdigkeit der anderen, sondern aus der „vertrauenden Zuwendung Gottes zu denen, die wie wir selbst nicht vertrauenswürdig sind. ... Ein universaler Modus des Lebens kann Vertrauen nur werden, wenn es nicht auf faktische Bestätigungen angewiesen ist, sondern kontrafaktisch gelebt werden kann, weil es sein Recht und seine Kraft nicht aus dem Verhalten der anderen oder dem eigenen Verhalten herleitet, sondern in der Nichtselbstverständlichkeit einer vorausgehenden Zuwendung gründet, mit der angesichts der eignen Lebenswirklichkeit nicht zu rechnen ist. Wer so vertraut, der vertraut als einer, der weiß, dass ihm und anderen nicht zu vertrauen ist. Er vertraut wider besseres Wissen, weil ihm vertraut wird und sich dadurch überhaupt erst die Möglichkeit eröffnet, sich vertrauenswürdig zu erweisen."[6]

---

5 Ingolf U. Dalferth, Gottvertrauen. Orientierungsweisen im Glauben, in: Ders., Selbstlose Leidenschaften. Christlicher Glaube und menschliche Passionen, Tübingen 2013, 264–338, 337.

6 Ingolf U. Dalferth, Mitmenschlichkeit. Vertrauen als Phänomen gelebten Glaubens, in: Ders., Selbstlose Leidenschaften. Christlicher Glaube und menschliche Passionen, Tübingen 2013, 339–363.363.

Was dieses theologische Verständnis von Vertrauen in kirchlichen Veränderungsprozessen bedeuten könnte, wird zu diskutieren sein.

Hans-Hermann Pompe

Hoffnung in Aktion

Kommunikation und Kreativität als Werk des Geistes

„Die Kommunikation, die in einem Veränderungsprozess nötig ist, wird etwa das Zehnfache von dem betragen, was du für nötig hältst!" Das Diktum von Carly Fiorina, der ehemaligen CEO von Hewlett-Packard wird oft zitiert, führt aber eher zu Achselzucken als zu Konsequenzen. Sei es, weil Verantwortliche keine Ressourcen für vermehrte Kommunikation haben, weil sie ihre eigene Kommunikation als ausreichend ansehen oder weil sie sich einfach in ihrer Organisation an einen niedrigen Level von Kommunikation gewöhnt haben. Auf der Strecke bleibt dabei die Kreativität innerhalb ihrer Organisation: Kreativität erfordert ein freies Spiel der Kräfte, eine wenig limitierte, nicht in zu enge Regeln gepackte Kommunikation. Ohne dieses unterstützende Feld bleibt sie isoliert, bringt kaum Ergebnisse und fördert schon gar nicht die für jede Organisation notwendigen innovativen Prozesse.

‚Kommunikation' gehört zu den inflationierten und damit weitgehend interpretationsoffenen Begriffen – man kann sie unpräzise benutzen, entscheidend sind Füllungen, Gebrauch und Kontexte. Aus der Ökonomie und der Nachrichtentechnologie stammend, ist Kommunikation metaphorisch in viele Bereiche eingewandert und dort unterschiedlich gefüllt worden. In einer Übersicht werden als Basismetaphern für Kommunikation u. a. genannt: Transport, Zeichengebrauch, Steuerung, Kapital, Netz oder Machtspiel. Zumindest im westlichen Kontext bestimmen Vorstellungen von Beteiligung der Individuen, eine optimistische

Sicht auf Verbesserung der Gesellschaft, aber auch Wirksamkeit und Erfolg von bzw. das stattfindende Handeln in Kommunikation eine starke Rolle.[1]

Auch ‚Kreativität' wird je nach Kontext und Interesse unterschiedlich definiert[2]. Mihaly Csikszentmihalyi sieht Kreativität systemisch verankert in der Interaktion dreier Elemente, „einer Kultur, die symbolische Regeln umfasst, einer Einzelperson, die etwas Neues in diese symbolische Domäne einbringt, und einem Feld von Experten, die diese Innovation anerkennen und bestätigen".[3] Seine Reduktion der kreativen Prozesse auf Einzelpersonen sowie das Experten-Feld der Anerkennung erscheint dem akademischen Kontext geschuldet, in dem er lehrt, aber die Wechselbeziehung von Aufmerksamkeit, Interaktion und Kreativität für einzelne Sach-Bereiche („Domänen") ist schlüssig: „Kreative Entwicklungen in einer bestimmten Domäne sind nur möglich, wenn ein Überschuss an Aufmerksamkeit vorhanden ist."[4]

Wenn Kommunikation so etwas wie das Schmiermittel in organisationalen Veränderungsprozessen ist und Kreativität ihr notwendiges Innovationspotenzial, dann kommt es darauf an, Kommunikation und Kreativität in eine fruchtbare Wechselbeziehung zu bringen. Dazu gehören (1) Bedingungen gelingender Kommunikation sowie (2) das

---

1 Überblick nach Werner Nothdurft, Art. Kommunikation, in: Jürgen Straub/ Arne Weidemann/Doris Weidemann (Hrsg.), Handbuch Interkulturelle Kommunikation und Kompetenz. Grundbegriffe – Theorien – Handlungsfelder, Stuttgart/Weimar 2007, 24–34.

2 Ein erster Überblick zur Kreativitätsforschung z.B. bei Rainer M. Holm-Hadulla, Kreativität. Konzept und Lebensstil, Göttingen [3]2010.

3 Mihaly Csikszentmihalyi, Flow und Kreativität. Wie Sie Ihre Grenzen überwinden und das Unmögliche schaffen, Stuttgart 2015, 17. Ausführlicher 47 ff.

4 A.a.O. 20.

Hoffnung schaffende und mit Kommunikationsfähigkeit begabende Werk des Heiligen Geistes. Kommunikation baut auf (3) Motivation als Auslöserin und Erhalterin von Kreativität, womit sie (4) als Türöffnerin in der Postmoderne dient. So zeigt sich gute Leitung auch in angewandter Kommunikation.

1. Unterschätzt: Gelingende Kommunikation in Veränderungsprozessen

Der Fehlerforscher Jan Hagen hat an der European School of Management and Technology (ESMT Berlin) Versagen, Fehler und Katastrophen in Wirtschaftsorganisationen wie der Luftfahrt untersucht[5]. Im Kern entdeckt er immer wieder unzureichende Kommunikation, die v. a. in starren Hierarchien notwendige Informationen verhindert. Hagens Forschung belegt: Oft trauten sich Untergebene nicht, den Flugkapitän rechtzeitig auf Probleme hinzuweisen. Deshalb wird in der Luftfahrt ein neues Fehlermanagement gesucht, das eine offenere Kommunikation und Fehleranalyse an Bord fördert: Aus der Analyse von Abstürzen und Katastrophen haben Luftfahrtgesellschaften begonnen zu lernen, Hierarchien abzubauen und Kommunikation durchlässiger zu machen. Im Interview gefragt, warum das auch in anderen Branchen funktionieren soll, antwortet Hagen: „Weil in jedem Unternehmen mit komplexen Strukturen und starken Hierarchien die Gefahr besteht, dass wichtige Informationen die Chefs nicht erreichen. ... Denken Sie nur an das Planungschaos am Flughafen Berlin Brandenburg. Da hät-

---

5   Jan Hagen, Fatale Fehler. Warum Organisationen ein Fehlermanagement brauchen, Berlin 2013.

ten im Lauf der Zeit viele Beteiligte die Ampel auf Rot stellen können. Aber offenbar hatten alle Sorge, Ärger mit der nächsthöheren Ebene zu bekommen. Deshalb haben sie nur auf Gelb gestellt und gedacht, die Botschaft kommt schon bei den Chefs an." Ein Fazit für ihn: „Je ausgeprägter die Hierarchien sind, desto schlechter steigen Informationen von unten nach oben."[6]

Die Evangelische Kirche ist keine Organisation, in der Flugkapitäne mühsam lernen müssten, Warnungen und Widersprüche von Untergebenen zu berücksichtigen, sie ist eher für die Mitsprache sehr vieler und die Bindung von Reformen an Gremien bekannt. Aber kommunikative Faktoren werden auch in kirchlichen Veränderungsprozessen häufig übersehen oder als nachgeordnet eingeschätzt. Notwendige Kommunikation ist aufwendig, wird gerne verschoben oder ignoriert, die Verantwortlichen geraten damit aber z.B. in die *Marginalisierungsfalle*. Klassisch dafür stehen viele der derzeitig laufenden Strukturprozesse, die inhaltliche Klärungen minimieren oder gleich auf sie verzichten. Mit dem Argument „Inhalte und Ziele klären wir anschließend, wenn wir die Strukturen dafür geschaffen haben" wird sträflich die Rolle von Zielen, Visionen und gemeinsam akzeptierten Inhalten für die Entwicklung sinnvoller Strukturen marginalisiert. Wenn Strukturfragen auf Kosten von Inhaltsklärungen priorisiert werden, geraten die Strukturfragen in einen Kontext von Ablehnung, Widerstand und Obstruktion der Betroffenen, so dass ihr Preis unverhältnismäßig steigt. Strukturprozesse können sich z.B. erheblich verzögern – weil die eingesparte Kommunikation von Infor-

---

6 Interview mit Jan Hagen: Lehren aus der Luftfahrt: Duzen kann Leben retten, SPIEGEL ONLINE 2013. <http://www.spiegel.de/wirtschaft/unternehmen/interview-wie-die-luftfahrt-aus-ihren-fehlern-lernt-a-930916.html> (eingesehen am 16.11.2013).

mation, für Akzeptanz und zur Motivation anschließend und entsprechend mühsamer nachgeholt werden muss. Sie können sogar scheitern, weil ohne die Akzeptanz der Beteiligten weder Gelingen noch Nachhaltigkeit erreichbar ist. Insofern gilt das Gesetz: Wer ausreichende Kommunikation wie etwa Arbeit an Motivation oder Verständigungsprozesse über Inhalte und Ziele ignoriert oder zu schnell überspringt, wird sie unter deutlich höherem Aufwand nachholen müssen, falls Prozesse und Projekte nicht gänzlich scheitern sollen.

Gerne unterschätzt wird auch die *Ignoranzfalle*: Um schneller Erfolge willen werden notwendige Schritte zu Motivation, Akzeptanz oder Beteiligung übersehen, abgekürzt oder ignoriert. „Das ist nicht so wichtig", „wir machen einfach weiter so, sie werden schon nachkommen", „dies verschieben wir auf später" sind gerne gesetzte Ignoranzen, die von ihren Folgen unfehlbar eingeholt werden. Eine mögliche Ursache: Kommunikative Faktoren scheinen weniger rational erfassbar, wirken unberechenbar und wirken wenig steuerbar. Das Problem: Was verdrängt oder ignoriert wird, meldet sich als Störung zurück, etwa als Widerstand, Enttäuschung, Resignation, Verweigerung oder Rückzug.

Gelingende Kommunikation hat eine öffnende Wirkung, wird zu einem Movens. Sie setzt Prozesse frei, die unvorhersehbar sind und deren Ergebnisse kaum absehbar sind. Viele Prozess-Schritte sind kaum noch planbar oder ableitbar, denn sie treten emergent auf. „Emergenz bedeutet, ... dass die Wechselbeziehungen zwischen den Einzelteilen zu neuen Eigenschaften führen können, die keines der Einzelbestandteile besitzt, und dass diese Eigenschaften höherer Ordnung ihrerseits kausalwirksam werden können."[7]

---

7   Sandra Mitchell, Komplexitäten. Warum wir erst anfangen, die Welt zu verstehen. Frankfurt a. M. 2008, 47.

Emergenz ist nach Michael Welker ein typisches Kennzeichen des göttlichen Geistes, ein Geschehen, „das in einer nicht vorhersehbaren Weise einen neuen Anfang, neue Verhältnisse, eine neue Wirklichkeit konstituiert – obwohl dieselben Menschen beteiligt und betroffen bleiben".[8]

Schon beim Schachspiel sinkt mit jedem möglichen Zug die Berechenbarkeit des Spiels rapide, wie viel mehr in Systemen und Netzwerken, in denen viele Beteiligte kaum zu steuernde Möglichkeiten von Beteiligung, Kommunikation und Information haben: „Je höher die Vernetzungsdichte in einem System ist, desto höher die Wahrscheinlichkeit von letztlich unvorhersehbaren Wirkungen und Rückwirkungen", postuliert der Netzwerkforscher Peter Kruse[9]. Das mag man beängstigend empfinden oder befreiend – in einer reformatorischen Kirche darf die Hoffnung größer sein, dass aus der Vernetzung der Einzelnen ein kommunikatives Wunderwerk Gottes entstehen kann. Das Priestertum aller Getauften spricht den Einzelnen priesterliche Kompetenz, die Gaben des Geistes und die Freiheit zu, das freie Werk des Geistes „zum Nutzen aller" (1Kor 12,7) zu vernetzen.

Der Journalist Malcolm Gladwell hat in seinem Bestseller ‚Tipping Points' untersucht, wann und wie aus kleinen Ansätzen Massenbewegungen werden, egal ob es Epidemien sind, politische Aktionen oder höchst erfolgreiche Produkte. Er reduziert die Ergebnisse auf wenige Faktoren. Dazu gehört z. B. „das Gesetz der Wenigen": Manche Menschen sind ausgesprochen erfolgreiche Kommunikateure, sie können in kurzer Zeit sehr viele andere beeinflussen. Einen Teil dieser Schlüsselgruppe bezeichnet Gladwell als *Vermittler*:

---

8   Michael Welker, Gottes Geist. Theologie des Heiligen Geistes, Neukirchen-Vluyn, ²1993, 21.

9   Peter Kruse, next practice. Erfolgreiches Management von Instabilität. Veränderung durch Vernetzung, Offenbach, ⁷2013, 15.

Sie kennen einfach viele Leute, und zwar die richtigen. Sie können „viele verschiedene Welten und Subkulturen und Nischen" besetzen, viele von ihnen kombinieren in ihrer Persönlichkeit „Neugier, Selbstvertrauen, Geselligkeit und Energie"[10]. Sie setzen die berühmte „Stärke der schwachen Bindungen" (Granovetter)[11] ein: Freunde beschränken uns auf die eigene kleine Welt, aber je mehr Bekannte man hat, desto mehr Einfluss ist möglich, denn sie leben noch in ganz anderen Welten.

Neben den Leuten, die uns mit anderen in Verbindung bringen, zählt Gladwell zu den erfolgreichen Kommunikateuren diejenigen, die uns mit neuer Information füttern, die *Kenner*. Sie haben nicht nur Insiderwissen, wie es viele haben, sondern sie erzählen gerne davon, sie sind also nicht einfache Experten, sondern kommunizieren ihre Expertise gewinnend. „Sie wollen helfen, weil sie es mögen, anderen Leuten zu helfen, und das erweist sich als eine enorm wirkungsvolle Methode, die Aufmerksamkeit anderer zu erregen."[12] – Und schließlich gibt es die *Verkäufer*, wirkungsvolle Informationsmakler und Überredungskünstler, die ihre Überzeugungskraft auch nonverbal ausdrücken können. Aus Verkaufsuntersuchungen schließt Gladwell: Wie sie etwas sagen, kann noch wichtiger sein als das, was sie sagen, sie können Kommunikation durch ihren Gesprächs-Rhythmus und ihre Gefühle erfolgreich und überzeugend machen.

Eine kleine Zahl von kommunikativ begabten Menschen genügt also, um in größeren Gruppen oder Organisationen Veränderungsprozesse effektiv zu beginnen, wachsen zu las-

---

10 Malcolm Gladwell, Tipping Points. Wie kleine Dinge Großes bewirken können, München [5]2002, 62.

11 Nach Mark S. Granovetter, The Strength of Weak Ties, American Journal of Sociology 78 (1973), 1360–1380.

12 Gladwell, 81.

sen und nachhaltig zu verankern – vorausgesetzt, sie können wirkungsvoll vermitteln, informieren und überzeugen. Die Kommunikationstypen der gut vernetzten Vermittler, der überzeugungsfähigen Kenner und der wirkungsvollen Verkäufer kennen Verantwortliche in der Kirche gut: Selbst wenn diese durchaus auch eigensinnig und gelegentlich sehr auf ihr Anliegen fokussiert auftreten können, gelingende Veränderung ohne sie ist schwer, manchmal sogar unmöglich.

2. Angewandte Hoffnung: Geist und Kommunikation

„Veni creator spiritus" – das alte Gebet des Rabanus Maurus entspringt aus dem Vertrauen: Gottes Heiliger Geist ist schöpferisch, ist Energie als göttliche Person, will wirken und handeln. Ab Beginn (Gen 1,2) begleitet der Geist das Werk der Schöpfung, Israel weiß auch die Welt zu erhalten durch die Sendung des Geistes: Ohne Geist vergeht sie, durch den Geist wird sie neu geschaffen (Ps 104,29 f.). „Der Hauch oder Atem unterscheidet lebendige Menschen von Toten", sagt Michael Welker; insofern „erweist sich der ‚hauchende' Gott gegenüber den hölzernen, steinernen oder sonstigen Götzen als der lebendige Gott". Das schöpferische Werk des Geistes Gottes wirkt in, mit und unter seinen Menschen, sie haben Anteil „an einem individuell belebenden und zugleich gemeinsamen Medium der Geschöpflichkeit". Gottes Geist wirkt, „indem er diesen intimen, komplexen und unauflöslichen Zusammenhang von individuellem und gemeinsamem Leben herstellt".[13]

---

13 Welker, 154.

Man könnte sagen, es gibt nach Ps 104 so etwas wie ein dreifaches Werk des Geistes. Da ist sein *ermöglichendes* Werk: Gottes Geist schafft einen Zusammenhang für Möglichkeiten, schenkt Gaben, ermöglicht das Bebauen und Bewahren (Gen 2,15) der Schöpfung. Das andere Werk des Geistes ist sein *initiierendes*: Er lässt seine Energie in Menschen zur Wirkung kommen, schafft Wahrnehmung und Aufmerksamkeit, erweckt Gaben und Ideen. Und es gibt sein *beendendes* Werk: Der Geist zieht sich zurück, lässt menschliche Werke stagnieren oder sterben. Ohne ihn sind Menschen nach dem Bild des Ezechiel nur leblose Felder voller Totengebeine (Ez 37).

Das dem Geist entsprechende dreifache menschliche Werk umfasst das *Annehmen*: Was schenkt uns der Geist? Wo wartet er auf den freudigen Dank der Beschenkten?, dann die *Reaktion* unter Bitten, Suchen, Anklopfen: Wo ist der Geist am Werk, schafft Neues, ruft zum Aufbruch, zum Neubeginn? Wo und wie beteiligt er uns? Und schließlich das *Beenden*: Was hat sich überholt, wo hat sich Gottes Geist zurückgezogen? Was hat seine Zeit gehabt, sich verbraucht?

Die englische Gemeinwesen-Theologin Ann Morisy hat die Verunsicherung der Kirche als Teil einer immer unschärfer und komplexer werdenden globalen Gesellschaft untersucht. Sie unterscheidet seitens der Kirche zwei Arten des Umgangs mit Hoffnung. Es gibt ‚asserted hope‘, behauptete, zugesicherte Hoffnung, aber die ist „a hangover from the power-ridden days of Christendom. Asserted hope relies on traditional authority or fluent rethoric."[14] Hoffnung, die nur proklamiert wird, sich in herkömmlichen Formeln oder Standardsätzen („Gott ist treu", „Jesus ist der Herr") erschöpft, überzeugt immer weniger Menschen. Und ihre Struktur

---

14 Ann Morisy, Bothered and Bewildered. Enacting Hope in Troubled Times, London/New York 2009, 34.

ähnelt fatal dem Vorgehen totalitärer Führung. Anders ist es mit ‚enacted hope‘, mit wirksamer, weil umgesetzter und angewandter Hoffnung: Hoffnung wird begleitet von Handeln, wird greifbar durch Kleinst-Schritte („micro-actions"), die in sich das Interesse des Schöpfers an seiner Schöpfung widerspiegeln. Es ist Hoffnung, die mit kleinen Demonstrationen zeigt, was sie zuspricht. In Situationen abnehmender gesamtgesellschaftlicher Hoffnung, angesichts der vielen Dystopien mit negativer Zukunft gilt: „... if confidence in hope is to grow, then hope has to be demonstrated, there has to be something that signifies and gives confidence to the reality and possibility of hope".[15]

Christen erleben das Neue aus Gott als Geschenk und Auswirkung des ihnen verheißenen Geistes: „Ihr werdet die Kraft des heiligen Geistes empfangen, der auf euch kommen wird und werdet meine Zeugen sein" (Apg 1,8). Das Neue ist heilvolles Aufwachsen (Jes 43,19), ist eine Signatur Gottes, „Gott auf frischer Tat". Gottes Geist kommuniziert auf seine eigene Weise: Er liebt den leichten Hinweis, redet lieber in sanftem Wehen als in Sturm, Erdbeben oder Feuer zu drohen (1Kön 19). Er lässt sich vertreiben, auslöschen wie eine schwache Flamme (1Thess 5,19) und ist doch das pfingstliche Feuer der Inspiration zum Zeugnis (Apg 2,3 f.). Ist es Gottes Neues, dann zieht es uns hinein in eine Bewegung der Hoffnung: Er gibt Grund für Hoffnung angesichts der herrschenden Dystopien. „If hope is to be kept alive in the context of dystopia then hope has to be performed, and the tiny, ‚bit-by-bit‘ elements of the practices that make for hope have to be identified, articulated and practised again and again."[16] Einfach gesagt: Hoffnung ist auch zu zeigen, nicht allein zu predigen.

15 Morisy, 22.
16 A. a. O. 22.

„Auf Hoffnung gerettet" zu sein (Röm 8,24), bedeutet unterscheiden können zwischen dem schon jetzt und dem noch nicht der Hoffnung, bedeutet mehr zu hoffen, als wir hier sehen, ohne uns aus einer Gesellschaft knapper Hoffnung in sichere Gebiete exklusiver Gemeinschaft zurückzuziehen. Wenn die Gemeinde schon ‚Kontrastgesellschaft'[17] ist, dann Kontrast mitten in der Welt, wo sie deren Wunden, Verirrungen und Anfechtungen teilt. Die Kommunikation der Hoffnung will sie sichtbar machen, die Kreativität der Hoffnung schafft Umsetzung und Anschaulichkeit.

Kommunikationsfähigkeit gehört nach der neutestamentlichen Gabentheologie zu den Charismen, den Geschenken des Geistes. Viele der im NT explizit genannten Gaben (Röm 12, 1Kor 12, Eph 4, Gal 5) würden heute in das weite Feld der Kommunikation eingeordnet werden, kommunikative Charismen sind klassische soziale Anwendungen, zählen zu den ‚Soft Skills'. Als Charisma sind sie sowohl Aufgabe, die mit der Gabe die Berufung bringt, wie auch Instrument, das Anwendung samt Ausbildung, Vertiefung oder Fortbildung verlangt.

Das gesamte Themenfeld der ‚Soft Skills' wird häufig unter dem Begriff sozialer Kompetenz diskutiert. Für den Organisationspsychologen Michael Kastner entsteht diese aus der Kombination von sozialer Intelligenz und sozialer Verantwortung, er zählt dazu neben den klassischen kommunikativen Fähigkeiten auch Kooperationsfähigkeit, Konfliktfähigkeit, Teamfähigkeit, Empathie, Durchsetzungsvermögen,

---

17 Der oft zitierte Begriff ‚Kontrastgesellschaft' stammt von Gerhard Lohfink (Wie hat Jesus Gemeinde gewollt? 1982 u.ö.); er hat eine von Lohfink nicht beabsichtigte Tendenz zu einer christlichen Parallelgesellschaft und damit zur Abkapselung der Gemeinde. Lohfink benutzt den Begriff in seiner späteren Ekklesiologie (Braucht Gott die Kirche? Zur Theologe des Volkes Gottes, 1998) m. W. nicht mehr.

Sensibilität oder interpersonale Flexibilität.[18] Kommunikationsfähigkeit als Gabe integriert deshalb immer Denken (Kognition) und Gefühle (Emotion), denn „wir handeln und kommunizieren in einem affektiv-kognitiven System, in Fühl-, Denk- und Handlungsprogrammen, die von physiologischen Reaktionen begleitet werden. Emotionen und Kognitionen bedingen sich wechselseitig und sind zwei Seiten derselben Medaille."[19] Vertrauen zu Verantwortlichen z.B. wurzelt in deren Zuwendung, Interesse und Wertschätzung: Zustimmung zu Veränderungen muss durch ganzheitliche Kommunikation gewonnen und behalten werden. In der Kirche scheitern Strukturprozesse oder Projekte auch deshalb, weil sie die emotionalen Aspekte unterschätzen oder ignorieren.

Gelingende Kommunikation in der Kirche ist weise und effektiv, wenn sie diese Spuren des Geistes zusammenhält: eine biblische Botschaft für das starke Bedürfnis nach Hoffnung in einer auseinanderdriftenden Gesellschaft, die solche Hoffnung beglaubigenden begleitenden Zeichen und eine kluge Berücksichtigung von Denken wie Gefühl bei den angesprochenen Akteuren.

3. Motivation: Kreativität auslösen und lebendig erhalten

Sich verwirklichende Kreativität ist sowohl eine der starken menschlichen Erfahrungen wie auch einer der stärksten Motivatoren. Klassisch ist die Nacherzählung von Händels unglaublicher Kreativität bei der Komposition des Messias

---

18 Michael Kastner, Erfolgreich mit sozialer Kompetenz. Das Programm für Menschen, die Verantwortung haben, Freiburg 1999 (= Herder TB 5206, 2001), 22.

19 Kastner, 162.

durch Stefan Zweig.[20] Nach der mühsamen Überwindung
eines schweren Schlaganfalles kommt für Händel die tiefe
Kränkung, dass seine Musik nicht mehr gefragt ist und alles
sich gegen ihn wendet. Aber dann löst die ihm zugesandte
Textvorlage des ‚Messias', die in seine Niedergeschlagen-
heit hineinspricht, etwas in dem Todkranken aus, entfacht
ihn wie neu. „Tröstet mein Volk" und all die anderen großen
Verheißungen hört Händel wie für sich selber. Wie in Trance,
nur durch hastiges Essen und kurzen Schlaf unterbrochen,
schreibt Händel innerhalb von drei Wochen sein größtes
Werk nieder: „... er vermochte nicht innezuhalten, es war wie
eine große Trunkenheit über ihm. Wenn er aufstand und
durch das Zimmer ging, laut singend und taktierend, blick-
ten seine Augen fremd; wenn man ihn ansprach, schrak er
auf, und seine Antwort war ungewiß und ganz verworren. ...
Georg Friedrich Händel wußte in jenen Wochen nicht mehr
um Zeit und Stunde, er schied nicht mehr Tag und Nacht,
er lebte vollkommen in jener Sphäre, die Zeit nur mißt in
Rhythmus und Takt, er wogte nur mitgerissen von dem Strö-
men, das aus ihm immer wilder, immer drängender quoll, je
mehr das Werk sich der heiligen Stromschnelle näherte, dem
Ende. Gefangen in sich selber, durchmaß er mit stampfen-
den, taktierenden Schritten immer nur den selbstgeschaffe-
nen Kerker des Raumes, er sang, er griff in das Cembalo, dann
setzte er sich wieder hin und schrieb und schrieb, bis ihm die
Finger brannten; nie hatte zeitlebens ein solcher Sturz des
Schöpfertums ihn überkommen, nie hatte er so gelebt, so
gelitten in Musik."[21]

---

20 Stefan Zweig, Sternstunden der Menschheit, Kap. 4 (Georg Friedrich Hän-
    dels Auferstehung), div. Ausgaben.

21 A. a. O., zitiert nach <http://gutenberg.spiegel.de/buch/sternstunden-der-
    menschheit-6863/4> (eingesehen am 20.5.2015).

Kreativität ist eines der großen Geschenke Gottes: Sie motiviert Menschen zu enormen Leistungen, lässt sie über vermeintliche Grenzen hinausgehen, schafft Innovation und Aufbruch. Aber sie benötigt ihren Motivationskern: Sie lässt sich nicht befehlen oder beschließen, sondern entsteht in den Feldern von Intelligenz, Neugier, Interesse und Ehrgeiz.[22] Motivation kennt beides, intrinsische Faktoren wie Standards, Überzeugungen, Interessen, Herausforderungen, und extrinsische Anreize wie Vorteile, Rollenerwartungen, Aufträge.[23]

Der Superintendent von Bonn, Eckart Wüster, sagte in einem Gespräch nüchtern: „Du kannst die Struktur ändern, soviel du willst – wenn die Leute nicht wollen, passiert gar nichts." Motivation ist in kommunikativen Prozessen unersetzbar, um Menschen zu gewinnen, freizusetzen und sie zu halten. Wer nicht motiviert ist, wird in einem Anstellungsverhältnis maximal Dienst nach Vorschrift machen, sich auf das beschränken, was unumgänglich ist, aber weder weiterdenken noch Neues in Gang bringen. Ehrenamtliche Mitarbeit ist ohne Motivation schlicht unvorstellbar: Es ist ja gerade ein Kennzeichen von Ehrenamt, dass es aus der inneren Motivation von Menschen entsteht. Nun sind intrinsische Faktoren weitaus stärker und nachhaltiger als extrinsische: Für Peter Kruse ist Faszination und Neugier in Risiko- und Veränderungssituationen, die kreative Antworten verlangen, weitaus wirksamer als Angst oder Druck: „Faszination ist wohl die unerschöpflichste und positivste Quelle menschlicher Kreativität und Veränderungsbereit-

---

22 Holm-Hadulla, 15.

23 Vgl. Christhard Ebert, Einsichten aus der Motivationsforschung und deren Nutzen für regionales Denken, in: Christhard Ebert / Hans-Hermann Pompe (Hrsg.), Handbuch Kirchen und Regionalentwicklung. Region – Kooperation – Mission, Kirche im Aufbruch 11, Leipzig 2014, 358 ff.

schaft. Sie besteht im Kern aus einer Mischung von Irritation und Neugier."[24]

Kreativität hat die Fähigkeit zur schöpferischen Reaktion auf Kontext-Reize. Sie kann anders oder neu wahrnehmen, erweitert also die bisherige Sicht und öffnet so neue Wege. Sie kann unerwartet oder neu anordnen, schafft also durch eine flexible oder fluide Neuanordnung des Vorhandenen etwas Neues. Und sie schafft ursprünglich Neues, ihr Kennzeichen ist Originalität (von lat. origo: Ursprung). Kreativität schafft eine starke Motivation, weil sie schöpferisches Handeln erlaubt. Wer Menschen ihre eigene Kreativität erlaubt, sie darin unterstützt, die viele Experimente begleitenden Fehler und Pannen willkommen heißt und die Ergebnisse multipliziert, wird mit deren bleibenden Motivation belohnt.

4. Gute Leitung: Kreative Kommunikation als Türöffner

In Zeiten postmoderner Tempobeschleunigung gilt überflüssige Langeweile als Todsünde[25]. Was Aufmerksamkeit fordert, wird schnell und kritisch beurteilt, jede Routine steht auf dem Prüfstand: Was sich nicht als herausfordernd, inspirierend oder belebend erweist, wird ausgefiltert, beendet oder zurückgelassen. Kreativität ist ihrerseits ein postmoderner Wert, fast ein Gegenbegriff zu Langeweile, denn sie schafft offene Türen. Interesse wird geweckt, wo Freiraum für neue Ideen vorhanden ist, Beteiligung entsteht, wo Gaben gesucht und akzeptiert werden. Kreativität überwindet abgestandene oder erwartbare Wege wie Routine, Normen, Gewohn-

---

24 Kruse, 68.

25 Vgl. Hans-Hermann Pompe, Mitten im Leben. Die Volkskirche, die Postmoderne und die Kunst der kreativen Mission, BEGPraxis, Neukirchen-Vluyn 2014, 19 ff.

heiten, Erwartungen oder Zwang. Sie ist intern wie extern ein Türöffner für neues Denken und zu anderen Menschen.

Kirchenintern befreit sie vom Sicherheitsverhalten des Gewohnten. Eine Institution will Stabilität, die entlastet, eine Organisation Strukturen, die Ziele dauerhaft erreichbar macht[26]. So sinnvoll Stabilität und Ziele für die Kirche sind, sie haben in sich noch kein Gefälle zu Kreativität: Stabilität bevorzugt das bewährte Vorhandene, Ziele benötigen den erreichten Konsens. Kreativität aber will Vorhandenes weiterentwickeln, sogar ersetzen, wo es nicht mehr trägt oder lebt, Kreativität will den Konsens sprengen oder zu Neuem verlocken, wenn er Entwicklung behindert. Insofern gefährdet Kreativität latent das Bestehende, während das Bestehende sie dringend benötigt, um nicht zu stagnieren oder sich zu überleben.

Extern, außerhalb der Kirche, bei der Umsetzung des Auftrages, die Botschaft von der freien Gnade auszurichten an alles Volk (Barmen VI), hat Kreativität eine kräftige missionarische Verlockung im Gepäck. Sie weckt Neugier auf einen unerwartet großzügigen Gott. Gott als Schöpfer der Kreativität, als Berufender in Nachfolge, als Austeiler von Gaben beschenkt Menschen, die ihn suchend entdecken. Insofern ist Kreativität eine Seite der Gnade, der freundlichen Zuwendung Gottes. Gnade schenkt bedingungslos, weil sie nicht überfordert, Gnade schafft neues Leben, weil sie den Sünder annimmt, Gnade integriert Früheres, um darin den Aufbruch zu ermöglichen. Gottes Kreativität schafft Neues und erhält es auch: „Schöpfung heißt dem Nichtsein entreißen, Erhaltung heißt das Sein bejahen."[27] Solch ein Gottes-

---

26 Vgl. Eberhard Hauschildt / Uta Pohl-Patalong, Kirche (Lehrbuch Praktische Theologie 4) Gütersloh 2013, 157 ff.181 ff.

27 Dietrich Bonhoeffer, Schöpfung und Fall, DBW 3, München 1989, 44.

bild kann Menschen begeistern, weil sie in dieser Freund-
lichkeit Gottes ihre Bestimmung entdecken können, darin
ihr eigentliches Wesen freigesetzt finden.

So umfasst Leitung intern wie extern auch angewandte
Kommunikation: Sie sieht, wer und was vorhanden ist, sie
befähigt, indem sie Gottes Gaben und Begabte freisetzt, und
sie spricht Aufgaben für Motivierte zu. Dazu benötigt kreative Kommunikation v. a. zwei Aspekte. Sie braucht zuerst
und vor allem *Sehfähigkeit*, Wahrnehmung als Wachsamkeit
und Aufmerksamkeit. Was an Gaben und Ideen, an Poten-
zial und Motivation vorhanden ist, wird nicht gesehen, wenn
es nicht gezielt gesucht, aufmerksam wahrgenommen und
wertschätzend angesprochen wird.

Niemand in Verantwortung ist frei von den Einschrän-
kungen der eigenen Sicht, den eigenen blinden Flecken.
Deshalb setzt gute Leitung auf die „Blinde-Flecken-Kompe-
tenz" der anderen. Der österreichische Regionalentwickler
Leo Baumfeld beschreibt sie so: „... man sieht nicht, was man
nicht sieht – das ist das Wesen des blinden Flecks. Würde
man wissen, was man nicht sieht, hat man die halbe Strecke zur Wahrnehmung schon gemacht. Aber unser Gehirn
arbeitet sehr effizient, es vervollständigt Teile eines Puzzles
relativ schnell zu einem ganzen Bild. Diese Fähigkeit hat aber
auch ihren Preis, nämlich die Erzeugung mitunter vorschnel-
ler Bilder, die aber unter Umständen nicht mehr zum verän-
derten Umfeld passen. Zur Erweiterung der Wahrnehmung
braucht man daher Andere, die einen darauf hinweisen, was
man nicht sieht, d. h. wo einem Landkarten zur Wahrnehmung fehlen."[28]

---

28 Leo Baumfeld, Mentale Landkarten 01, Seite 3. Unter <http://www.baum
    feld.at/zum-mitnehmen.html>, Mentale Landkarten.

Neben der Wahrnehmung übernimmt kreative Leitung auch die Verantwortung für *Befähigung (empowerment)*. Sie schafft Freiräume für Querdenker und Erfinder, verteidigt die Erlaubnis zum Experiment und fördert aktiv, was sich entwickeln kann und soll. Aktive Befähigung ist mehr als Zulassen oder Tolerieren: Sie macht öffentlich ihr Interesse an Entwicklung und Innovation deutlich, hält den Menschen in diesem Bereich den Rücken frei, lässt sich regelmäßig berichten und unterstützt die Kommunikation von gelungenen wie misslungenen Ergebnissen.[29] Befähigung setzt auf die Karte: Was hier investiert wird, schafft immer Mehrwert.

Eine letzte Warnung des Unternehmensberaters Reinhard Sprenger: Materielle Belohnungen, Anreize, Prämien etc. unterliegen einem Abnutzungseffekt der Gewöhnung und bedeuten eine implizite Abwertung. Sie unterstellen implizit: „ohne Belohnung würden sie es doch nicht machen", sind damit „methodisiertes Misstrauen"[30]. Ermutigte Kreativität ist eine der stärksten Motivationen – sie braucht keine Anreize, denn sie verwirklicht, was in ihr angelegt ist.

---

29 Ausführlicher bei Hans-Hermann Pompe, Die kreative Region. Was die Kirche von dem Stadtvisionär Charles Landry lernen kann, in: Heinzpeter Hempelmann/Hans-Hermann Pompe (Hrsg.), Freiraum. Kirche in der Region missionarisch entwickeln, Leipzig 2013 (KiA 8), 155–179, hier: 172 ff.

30 Reinhard K. Sprenger, Mythos Motivation. Wege aus einer Sackgasse, Campus Frankfurt 2009, 41.

Geist und Geld

John Finney

Geld und Geist[1]

Die Sprache des Geldes

Die Bibel zeigt uns, dass Gott auf unterschiedliche Weise zu uns spricht. Aber heute sind wir nicht sehr gut darin, Stimmen aus den Wolken wahrzunehmen oder auf Propheten zu hören, geschweige denn auf das stille Flüstern, das Elia hörte. Deshalb spricht Gott heutzutage in einer Sprache, die wir verstehen können – und das ist die Sprache des Geldes. Geld redet.

Zu viel davon in der Kirche, und wir sind so reich, dass wir den armen Mann am Tor nicht sehen: Wir schreiten über Lazarus hinweg auf dem Weg zu den Geschäften – oder wir können das Geld benutzen, um das Reich Gottes zu fördern.

Zu wenig davon in der Kirche, und wir sind versucht, uns auf Fundraising und Erhaltung der Institution zu konzentrieren – oder wir sind herausgefordert, mit einem neuen Blick auf die Dinge zu schauen, die wir tun.

Ich glaube, Gott benutzt Geld, um a) uns zu warnen, b) uns herauszufordern und c) uns zu leiten.

In Großbritannien sind wir durch all dies gegangen. Ohne Kirchensteuer waren wir weitgehend angewiesen auf die Gottesdienstbesucher, die für die Gemeindearbeit zahlen. Um 1980 merkten wir, dass die Gelder knapp werden und dass wir bankrottgehen, wenn wir nichts ändern würden.

---

[1] Deutsche Übersetzung von Henning Meinecke; das englische Original im Anschluss.

107

Sehr bald würde es keine Kirche von England als nationale Organisation geben.

Es war viel komplizierter, als ich es erklären kann. Aber es lief in etwa so:

Forschung

Wir starteten mit einer Untersuchung. Wir brauchten stichhaltige Fakten. Was ist die aktuelle finanzielle Situation und wie sind die Prognosen für die Zukunft? Dann mussten wir den Menschen in den Gemeinden von den Ergebnissen berichten. Wir erfuhren, dass die schwierigen Neuigkeiten die Menschen nicht bedrückten oder umwarfen – im Gegenteil, sie waren dankbar dafür, dass sie wie Erwachsene behandelt und ins Bild gesetzt wurden.

Diese Untersuchung war Gottes Warnung: Wir merkten, dass wir nicht länger fortfahren konnten wie bisher. Wir leisteten uns eine sehr kostspielige Institution, die wir nicht mehr finanziell tragen konnten. Wir starteten mit Einschnitten bei Verwaltungskosten und machten die Einsparungen transparent. Das war schmerzhaft. Es reichte aber noch nicht aus.

Herausforderung

Wir mussten noch mehr Untersuchungen anstellen. Die ganze Struktur der Kirche war nun an der Reihe. Wir versuchten, viele Dinge neu zu überdenken.

In den 8oer Jahren betrieben wir Analysen hinsichtlich der Mission, die wir „mission audits" nannten. Sie sollten auf die Kirchenarbeit im ganzen Land, in der Diözese und auf lokaler Ebene blicken. Dies geschah gewöhnlich durch Fragebögen, die Gemeinden beantworten konnten. Einige Kirchengemeinden taten das für sich selbst, andere baten, dass jemand von außen sie dabei unterstützt. Über 100 Gemeinden vollzogen in den Jahren diese Analyse. Eine solche „Missionsanalyse" konnte auf unterschiedliche Weise ausgeführt werden. Normalerweise luden die Gemeinden oder Diözesen zu mehreren Treffen über einen Zeitraum von einigen Monaten ein, über die sie in einem Bericht zusammenfassten, welche Vision sie sich für die Zukunft gesetzt haben. Für die Analysen in Diözesen und Gesamtkirche baten wir auch Menschen aus dem Ausland.

So etwas geschah auch in Deutschland. 2002 hatte die westfälische Landeskirche den Mut, eine „Missionsanalyse" durchzuführen. Ich durfte bei einem ökumenischen Treffen dabei sein mit etwa 30 anderen aus Tansania, Indonesien, Kanada, USA, Brasilien usw., um für zwei Wochen auf die gesamte Arbeit in dieser Kirche zu schauen. Wir erkannten, dass die westfälische Landeskirche noch mehr Untersuchungen brauchte. Ich fand, dass besonders die vielen Fragen der Vertreter der Zweidrittel-Welt für die Westfalen schwierig zu beantworten waren. Die vier häufigsten Fragen waren:

- Wie viele Menschen gehen sonntags in evangelische Gottesdienste?
- Welche Gemeinden wachsen, welche schrumpfen?
- Wie viel kostet ein Pastor? – Zu bedenken sind Ausbildung, Besoldung, Haus und Pension.
- Was würde passieren, wenn die Politik die Kirchensteuer abschafft? Diejenigen, die außerhalb von Europa herkamen, hatten Schwierigkeiten, das Steuersystem zu verstehen, waren z. T. auch besorgt über die Antwort zu dieser Frage. Als ich das letzte Mal in Deutschland war, fragte ich jemanden dasselbe, und er sagte: „In 20 Jahren werden wir es noch so haben, aber nicht mehr in 50."

109

Wenn das wahr ist, dann wird die Kirche lange brauchen,
um sich auf eine neue Situation einzustellen.

Jedes Mal, wenn ich eine „Missionsanalyse" mache, stelle ich
als grundlegende Frage: „Wozu ist die Kirche hier da?"

Ich habe diese Frage an viele Gemeinden gestellt (nicht
nur an Pastorinnen und Pastoren und Gemeindevertreter).
So gut wie alle kamen zu derselben Antwort. Wir sind hier,

1. um Gott anzubeten.
2. um dem Gemeinwesen zu dienen.

Wir sind hier, um Gott zu preisen und den uns anvertrauten
Menschen in dem Gemeinwesen zu dienen – egal ob nun
dieses Gemeinwesen unsere Gemeinde, die Diözese oder das
ganze Land ist.

Ergebnisse

Was ist der beste Weg, um anzubeten und zu dienen?

In Großbritannien merkten wir: Bestimmte Dinge passieren, weil das Geld knapp wurde:

A.   Wir mussten **Prioritäten** setzen. Jesus sprach: „Trachtet
zuerst nach dem Reich Gottes und nach seiner Gerechtigkeit,
so wird euch das alles zufallen" (Mt 6,33). Dieser Bereich ist
wichtiger als jeder andere – das ist der Bereich der Vision.
Unsere englische Bibel übersetzt Spr 29,18 mit: „*Without
vision the people perish*" (wortwörtlich: „Ohne Vision gehen
die Menschen zugrunde." – LUTHER: „Wo keine Offenbarung
ist, wird das Volk wild und wüst."). Jede Gemeinde braucht
eine Vision, jede Ebene der kirchlichen Organisation und
die EKD als Ganzes. Wir müssen die richtige Richtung her-
ausfinden und ihr folgen, auch wenn das bedeutet, dass wir
manche Dinge fallen lassen müssen. Uns wurde klar, dass

die Kirche nicht mehr vorgeben kann, sie könne einfach mit allem weitermachen – es gibt einfach zu wenig Geld und Leute. Manche Dinge müssen aufgegeben oder an andere abgegeben werden. Die Kirche in England war zuvor stark in der Begleitung von Sterbenden vertreten. Wir haben diese Arbeit weitgehend an die Wohlfahrtsverbände weitergegeben. Und wir müssen zugeben, dass sie diese Arbeit besser leisten, als die Kirche imstande war.

Eine unserer Prioritäten muss Mission sein. Aber nicht Mission, um mehr Menschen in die Kirche zu bekommen, die durch ihr Geld die kirchliche Arbeit am Laufen halten. Sondern es sollte eine Mission für die Welt sein, denn dazu beruft uns Gott. Und das bedeutet, dass Mission für alle Menschen ist, nicht nur für Kirchenmitglieder. Gott liebt die „Nicht-Religiösen" genau so sehr wie dich und mich. Und wir haben die Verpflichtung, das Evangelium zu ihnen zu bringen. Nun merken wir, dass vor allem die Menschen für die Botschaft der Bibel ansprechbar sind, die keine Verbindung zur Kirche haben. Das hat sich gezeigt an der steigenden Zahl der Erwachsenentaufen. – Diese Menschen sind offensichtlich in nichtchristlichen Elternhäusern aufgewachsen, in denen man nicht mehr als Säugling getauft wurde.

Egal, in welcher missionarischen Situation Deutschland ist: Wenn ihr den Menschen dienen wollt, dann muss Mission auf jeder Ebene hohe Priorität bekommen. Die pastorale Evangelisation, die Menschen zur Anbetung Gottes führt, muss die Priorität unserer Theologie, unserer Gebete, unseres Handelns und unseres Finanzhaushaltes sein. – Setze dein Geld dort ein, wovon dein Mund redet!

B. **Ehrenamtliche**: Wir haben weniger bezahlte Pastoren, deshalb müssen andere Menschen pastorale Dienste übernehmen. Uns sind viele Möglichkeiten dazu eingefallen. Und für alle beziehen wir Ehrenamtliche Ein: es gibt weniger bezahlte Pastoren, so müssen andere den Dienst übernehmen. Das passiert wie folgt:

i. Der Einsatz von ehrenamtlichen Pastoren – Viele unserer Pastoren werden nicht mehr bezahlt. Sie arbeiten in ganz „normalen" Berufen. Vor kurzem bin ich einem ordinierten Pastor begegnet, der als Pilot einer Airline arbeitet. Ein anderer ist Universitätsprofessor, ein Dritter Lehrer, während noch ein anderer in einer Einrichtung für Menschen mit Behinderungen arbeitet. Für einen oder zwei Tage in der Woche arbeiten sie dann in der Gemeinde. Sie wurden ausgewählt für eine Ausbildung und wurden genauso ausgebildet, als ob sie dafür bezahlt werden. Aber ihre täglichen Brötchen verdienen sie mit ihrem Hauptberuf.

ii. Der verstärkte Einsatz von ehrenamtlich Mitarbeitenden – Ich war in den USA und habe erfahren, dass oft relativ kleine Kirchen ein großes Budget haben, weil ihre Kircheninstitution viel Geld hat. Deshalb beschäftigen sie viele Leute – als Jugendleiter, als Reinigungskraft, als Musiker etc. Das Ergebnis davon ist, dass der Rest der Gemeinde passiv ist – wie Passagiere auf einem Kreuzfahrtschiff, während andere die Arbeit machen. Das ist zwar komfortabel, aber geistlich schwächend. Das ganze Volk Gottes ist dazu aufgerufen für das Reich Gottes zu arbeiten. Ich weiß, dass in manchen Teilen Deutschlands die Suche nach, die Ausbildung und der Einsatz von Ehrenamtlichen zunehmend wichtig geworden ist. Und dabei muss es nicht bleiben. Auch Pastorinnen und Pastoren sollten fortgebildet werden, um Ehrenamtliche bestmöglich einzusetzen. Zu selten wurden Pastorinnen und Pastoren, die die Hauptlast der Gemeindearbeit tragen, darin geschult, die Gaben anderer Menschen herauszufinden, wie man sie stärkt und dann an sie delegiert. Ich könnte noch einiges mehr dazu nennen, belasse es aber bei dem Sprichwort: *„I would rather set ten people to work than do the work of ten."* („Lieber zehn Leute zum Arbeiten befähigen als die Arbeit von zehn machen.")

Der finanzielle Druck stieg weiter:

C. **„Fresh expressions"**. Wie die EKD ist die Kirche von England historisch mit der Idee der Parochialgemeinden verwachsen – mit einem bezahlten Pastor, der für seine Gemeinde verantwortlich ist samt einem großen und teuren Gebäude namens Kirche. Kirchengebäude können schwarze Löcher sein, die einfach so Geld verschlucken. Gibt es alternative Möglichkeiten, um Gott anzubeten und den Menschen zu dienen? Jesus sprach: „Wo zwei oder drei in meinem Namen versammelt sind, da bin ich mitten unter ihnen." (Mt 18,20) Müssen wir Jesus in einer Kirche treffen? Zurzeit sehen wir, wie „fresh expressions" zu wachsen beginnen. Das sind Gemeinschaften, die sich gewöhnlich nicht in Kirchengebäuden treffen, oft von Ehrenamtlichen geleitet werden und nicht in eine Parochialstruktur eingebettet sind. Sie unterscheiden sich von dem traditionellen Modell – ich habe gerade in Karlsruhe darüber referiert, aber das ist noch eine ganz andere Sache.

D. **Du bist nicht allein.** Überall in Europa gibt es in den Kirchen die gleichen Probleme. Wenn die Wirtschaft schwächelt, dann bedeutet das gleichzeitig, dass die Kirchen vor finanziellen Problemen stehen. Ich frage mich, ob Gott denkt, dass wir zu viel Gewicht haben und es für eine lange Zeit zu einfach hatten. – Vielleicht setzt er uns deshalb auf Diät.

Zu Beginn sagte ich, dass Geldknappheit sowohl ein Segen als auch ein Fluch sein kann. Sie kann uns zu Aktionen antreiben und Dinge ändern. Seitdem ich in den letzten 20 Jahren in deutsche Kirchen gekommen bin, habe ich das Gefühl bekommen, dass Gott in der Sprache des Geldes zu euch spricht. Es scheint, als tut er gerade das. Unsere Gesellschaft denkt so viel an Geld. Lacht der Heilige Geist, wenn er uns genau durch das führt, das wir für so wichtig halten? Ein großartiger christlicher Leiter, den ich sehr respektiere, sagte einmal: *„We will not see how far along the path to death we have gone until that comforting, blinding money is gone."* („Wir werden so lange nicht sehen, wie weit wir schon auf der Straße zum Tod gegangen sind, bis das beruhigende und blind machende Geld uns ausgeht.") Er hat Recht, wenn er sagt, dass zu viel Geld bedeuten kann, dass es uns den Blick für die Wahrheit verbaut. „Metanoia" (Umkehr) beginnt, wenn wir der Wahrheit begegnen. – Geld aber führt dazu, dass wir es einfach akzeptieren, egal, ob wir es mögen oder nicht.

In Jesaja 44–45 lesen wir, dass Kyrus, der babylonische König, ein Diener Gottes wurde, weil er den Gefangenen aus Babylon erlaubte, wieder nach Jerusalem zurückzukehren. Aber Kyrus wusste es nicht. Ich denke, Geld kann unser derzeitiger Kyrus sein – ein Diener Gottes.

Geld kann unser Herr sein – oder es kann ein sehr sinnvolles Mittel sein, um dadurch Gott zu entdecken.

John Finney

The language of money

The Bible tells us of different ways God speaks to us. But today we are not good at hearing voices speaking from clouds, or of listening to prophets, or even the still small voice that Elijah heard. So God nowadays speaks in language we can understand—and that language is the language of money. Money talks.

Too much in the church and we are so rich that we do not see the poor man at the gate: we step over Lazarus on our way to the shops—or we can use money to help forward the Kingdom.

Too little money in the church and we are tempted to concentrate on fund raising and maintenance of the institution—or we are challenged to look afresh at everything we do.

I think God uses money to a) warn us, b) challenge c) guide us.

We have been through this in the UK. With no church tax we are largely dependent on people who go to church to give money to pay for the work of the church. Round about the 1980s we realised we were running out of money and we would be bankrupt if we did nothing about it. Soon there might not be a Church of England as a national organisation.

It was much more complicated than I am describing it but went like this:

Research

We began with research.

We needed sound facts. What is the current financial situation and what are the projections for the future? Then we have to communicate the results to people in the congregation. We found that difficult news did not depress or upset people—they were grateful for being treated as adults and being put in the picture.

This research was God's warning: we realised we could no longer go on as we were. We were running a very expensive organisation and we could not pay for it. We began by cutting administrative budgets and making obvious economies. It was painful but not enough.

Challenge

But we had to do more research. We had to look at the whole structure of the church. We are trying to rethink lots of things.

In the 1980s we carried out what we called 'mission audits'— which looked at the work of the church at national, diocesan and local level. Usually they are based on a series of questions which parishes are invited to answer. Sometimes local churches did these themselves, sometimes they asked outsiders to help them. Over the years I have helped over 100 parish churches do this exercise. There are many ways of doing a mission audit but usually they involve meetings over a couple of months or so which are summed up in a final report which sets out the vision that the parish or diocese has for the future. At diocesan and national level we sometimes asked people from overseas to help us. This has happened in Germany as well. In 2002 Westphalia had the courage to have a mission audit and I had the privilege to take part in that ecumenical visit of about 30 from Tanzania, Indonesia, Canada, US, Brazil and so on who came for two weeks to look at the whole work of the church. One thing we found was that the church in Westphalia needed to do more research. I found that especially the people from the Two-thirds world immediately asked lots of questions that the people in Westphalia found quite difficult to answer. The four most frequent questions they asked were:

- how many people go to EKD churches on a Sunday?
- which churches are growing and which are declining?
- how much does a pastor cost—they have to be trained, they have to have a salary and a house, and then have a pension until they are dead.
- what would happen if the politicians took away the church tax? Those from outside Europe found it very difficult to understand the tax and were particularly anxious to know the answer to that one. I asked someone when I was last in Germany and he said: 'We shall still have it in 20 years but not in 50'. If that is true then the church will take a long time to adjust to the new situation.

Every time I do a mission audit I find that we ask the basic question: **what is the church here for?**

I have asked this question to many congregations (not just the pastors and the church leaders). Virtually all of them came up with the same answer; we are here

1. to worship God

2. to serve the community.

We are here to praise God and serve the people of the community we are responsible for—whether that community is our parish, our diocese or the whole nation.

Results

What is the best way to worship and serve

In the UK we have found certain things happen because we are short of money;

A.   We have to set **priorities**. Jesus said, 'Seek first the Kingdom and all these other things will be added to you as well'. This area is more important than any—that is the area of VISION. Our English Bible translates Proverbs 29.18 as 'Without vision the people perish'. Every parish church needs vision, every level of the church organisation and the EKD as a whole. We need to find out the right direction and go for it—even if that will mean dropping some things which were doing. We found that the church cannot pretend that it can go on doing everything—there are not the resources of money and people. Some things will have to be dropped or handed over to others—the church in England used to be much involved in the care of the dying: we have largely handed over this work to charities: and it has to be said that they do the work better than the church was able to.

One of our priorities has to be mission. But it must not be mission just to get more people to come to church so that they can pay to keep the church going. It must be mission to the world for that is what God calls us to. And that means mission should be to everybody, not just our church members. God loves the 'non-religious' as much as God loves you and me and we have the duty to take the gospel to them. Indeed we often find that it is the people who have had no church connection who are often responsive to the message of the Bible. We know this because we are having an increasing number of adult baptisms—and of course those are people will have been brought up in non-Christian homes where they were not even

117

baptised as a baby. If Germany is in a missionary situation, as it is, then if you are to serve people then mission must get a very high priority at every level. Pastoral evangelism which draws people to worship has to be a priority for our theology, our prayers, our action and our financial budgets—put your money where your mouth is!

B.   **Volunteers**: we have fewer paid pastors so others must do the work of ministry. We have found various ways round this but they all involved volunteers: there are fewer paid pastors so others must do the work of ministry. This has happened by:

i.   the use of volunteer pastors—a lot of our pastors are now not paid. They have 'ordinary' jobs. I have recently come across ordained pastors who work as an airline pilot, a professor in a university, a teacher, while another worked for a charity dealing with disabled people. They give one or two days a week to the work of the parish. They are selected for training and trained just as though they were to be paid, but get their bread and butter from their day to day work.

ii.   the greater use of lay volunteers. I have been in the US—I found that often because their churches often have more money quite small churches have a large budget. It is because they employ so many people as youth leaders, as cleaners, as musicians etc. The result is that the rest of the congregation are passive—they are passengers on a cruise ship while others do the work: this is comfortable but spiritually weakening. All God's people are called to work for the Kingdom. I know that in some parts of Germany you are finding that the discovering, the training and the use of volunteers is increasingly important. It must not stop there—the pastors also have to be retrained to make the best use of volunteers: too often clergy who often bear the main burden have never been trained to find out the gifts of other people, how to train them and then delegate to them. I could say much more on that but remember the saying: 'I would rather set ten people to work than do the work of ten'.

Financial pressures have gone further:

C.   **Fresh expressions**. Like the EKD the CofE is historically based on the idea of the parish—with a paid pastor looking after it in a large and expensive building called a church. Pastors are expensive. Church buildings can be black holes which suck money into them. Are there alternative ways of worshipping God and serving people?

Jesus said, 'Where two or three are gathered together in my name, there am I there among them' (Mt.18.20). Do we have to meet Jesus in a church? At the moment we are seeing 'fresh expressions of church' beginning to grow. They are congregations which usually do not meet in a church building, are often led by volunteers, and do not have the usual surroundings of a parish. They are different from the traditional model—I was down in Karlsruhe in September talking about it but that is a whole different subject!

D. **You are not alone**. The same problems are there across all the churches in Europe. Economic weakness across Europe has meant that suddenly churches are having to face financial problems. I wonder if God thinks that we have grown too fat and had it too easy for too long—so he has put us on a diet.

I said at the beginning that shortage of money can be a blessing as well as a curse. It can spur us into action and change things. During the twenty years I have been coming to the German church I have felt that money was the area where God might speak to you—it appears he is doing just that. Our society thinks so much about money. Does the Holy Spirit laugh as he leads us through the very thing we think is so important—our money? A Christian leader I have great respect for said, 'We will not see how far along the path to death we have gone until that comforting, blinding money is gone'. He is right for too much money can mean that we do not see the truth. Metanoia begins when we face the truth—and money often makes us accept it whether we like it or not.

In Isaiah 45 we read that Cyrus, the Babylonian king, was God's servant because it was through him that the refugees in Babylon were allowed to return to Jerusalem. But Cyrus did not know it. I think money can be God's contemporary Cyrus—God's servant.

Money can be our master, or it can be a very useful means by which we discover God.

Barbara Bauer

Geld und Geist

**Ein Impuls zu den Herausforderungen der Gestaltung
von Kirche aus der Ressourcenperspektive**

Eine kleine Geschichte zum Einstieg

Vor Jahren saß ich für meine Kirche im Aufsichtsgremium
eines kleinen Radiosenders, mit dem wir Kirche im Privat-
funk erprobten. Ziemlich regelmäßig ging irgendetwas
schief und die Gesellschafter standen vor der Frage: aufhören, Sender schließen oder neues Geld beschaffen? Mir fiel
auf, dass die Prozesse in meiner Kirche für Finanzentscheidungen geordnet, aber sehr langwierig und wenig effektiv
waren. Ein kleiner freikirchlicher Gesellschafter dagegen war
in kurzer Zeit in der Lage, Finanzmittel oder Bürgschaften
zu beschaffen. Auf meine Nachfrage beim Pfarrer, wie eine
kleine Gemeinde so etwas schafft, dachte er einen Augenblick nach und sagte dann: Wir reden sehr wenig über Finanzen. Wir beraten ausführlich, was wir gemeinsam wollen.
Wir beten um den Geist dafür. Dann zeigen sich eigentlich
immer Wege dafür. Mich hat das sehr beeindruckt, insbesondere angesichts der damals sehr quälenden Kürzungsdebat-
ten in meiner Kirche.

*Als Zwischenergebnis halte ich fest: Das Beten um den rechten
Geist und die gemeinsame Verständigung auf Ziele der Arbeit
sind wichtige Voraussetzungen für Finanzentscheidungen.*

121

GEIST UND GELD

Eine Zustandsbeschreibung der Kirchen aus der Vogelperspektive

Weltweit betrachtet, gehören wir deutschen Kirchen zu den reichen Kirchen. Die Bereitschaft unserer Mitglieder, mit ihrer Kirchensteuer kirchliche Arbeit zu finanzieren, stellt eine solide Basis für eine flächendeckende kirchliche Arbeitsstruktur mit Personal, Gebäuden und Sachmitteln dar. Allerdings nimmt die Finanzkraft der Kirchen perspektivisch ab. Während jahrzehntelang das gesamtgesellschaftliche Wirtschaftswachstum mit entsprechendem Steuer- und Kirchensteueraufkommen abnehmende Mitgliederzahlen überdecken konnte, zeichnet sich jetzt immer deutlicher ein anderer Trend ab: Unser Anteil am gesamtgesellschaftlichen Reichtum sinkt, viele Kirche erreichen – selbst bei nominellem Wachstum der Kirchensteuern – nicht einmal einen Inflationsausgleich im Vergleich zu den Vorjahren. Wir haben Strukturen aufgebaut, die wir teilweise bereits jetzt, teilweise erst perspektivisch nicht werden erhalten können. Das betrifft sowohl die Anzahl der Hauptamtlichen als auch die Anzahl der zu unterhaltenden Gebäude.

Als Zwischenergebnis halte ich fest: Unser Reichtum nimmt ab, wir werden kleiner werden müssen.

Was heißt das?

Wir brauchen Anpassungsprozesse, die es uns ermöglichen, nicht Zuwächse zu verteilen wie in der Vergangenheit, sondern mit schwankenden und tendenziell sinkenden Einnahmen weiterhin gute kirchliche Arbeit sicherzustellen. Das

ist eigentlich kein besonders schweres Problem. Jede Generation hat eigene Aufgaben zu erfüllen, manchmal müssen
Menschen am gleichen Haus sogar zur selben Zeit aufbauen
und abbauen und umbauen. Wer das Ziel kennt, wird die
Segel richtig setzen können. Da die Veränderung kirchlicher
Strukturen lange Bremsspuren beinhaltet, handelt umsich-
tig, wer sich rechtzeitig aufmacht. Drei Kriterien scheinen
mir für diese Anpassungsprozesse besonders wichtig:
- In mittelfristigen und langfristigen Perspektiven denken: zwei Dekaden betrachten statt nur den nächsten
  Haushalt zu beraten
- Strukturentscheidungen fällen statt Rasenmäherkür-
  zungen vorzunehmen
- Klärungen über die Inhalte kirchlicher Arbeit an den An-
  fang jedes Prozesses stellen

**Der Kirchenkompass als ein mögliches Instrument
zur kreativen Steuerung kirchlicher Arbeit**

In meiner badischen Landeskirche haben wir zur besseren
Steuerung kirchlicher Arbeit – noch vor jeder Kürzungsnot-
wendigkeit – das Instrument des Kirchenkompasses entwickelt. Es beinhaltet folgende Schritte:

1. Wahrnehmung
Aus dem Blickwinkel von vier biblischen Leitbildern soll man
die jeweilige Situation wahrnehmen. Unsere Leitbilder sind
dabei:
- Wanderndes Gottesvolk (Hebr 4,9; 13,14)
- Haus der lebendigen Steine (1Petr 2,5)
- Glied des Leibes Christi (Röm 12; 1Kor 12)
- Salz der Erde (Mt 5,13)

Bei der Wahrnehmung darauf achten, dass verschiedene Perspektiven eingenommen werden: die Perspektive des Auftrags, die Perspektive der Mitglieder und der Öffentlichkeit, die Perspektive der Mitarbeitenden, die Perspektive der Ressourcen und die Perspektive der Entwicklungsprozesse in der Organisation.

2. Ziele setzen

Daraus abgeleitet setzen wir uns Ziele für einen vereinbarten Zeitraum. Mithilfe dieser Ziele werden dann sowohl die Linienarbeit als auch neu entwickelte, zeitlich befristete Projekte ausgerichtet.

3. Konkrete Maßnahmen beschließen, umsetzen und evaluieren

Aus den Zielen leiten wir konkrete Maßnahmen ab, die wir definieren, planen, umsetzen und anhand vorher vereinbarter Messgrößen in ihrer Wirksamkeit überprüfen. Am Ende schauen wir noch einmal hin, ob das gewünschte Gesamtergebnis eingetreten ist und was wir aus dem Verlauf lernen können.

Damit haben wir in etlichen Arbeitsbereichen eine Fokussierung erreicht, die einen gezielten Ressourceneinsatz ermöglicht, Erfolgserlebnisse statt des ermüdenden Gefühls von Überforderung vermittelt und Lernfelder eröffnet.

Natürlich ist der Kirchenkompass kein Allheilmittel, er löst nicht alle Probleme kirchlicher Umstrukturierungsprozesse. Aber er hat, jedenfalls in unserer Kirche, viel Kreativität freigesetzt, mit den vorhandenen Mitteln das Mögliche mit Freude zu tun.

Ein Schutzlied vor Überforderung

Wer sich aufmacht, Kirche in ihren gewachsenen Strukturen
verändern zu wollen, tut gut daran, sich der verschiedenen
Anteile zu vergewissern, die zum Erfolg nötig sind. Dazu
empfehle ich, die 1. Strophe des Liedes von Matthias Claudius
im Evangelischen Gesangbuch Nr. 508 zu singen und sich
dabei die dort beschriebene Arbeitsteilung klarzumachen:

Wir pflügen und wir streuen – alles andere kommt aus
Gottes Hand. Wir haben Grund zur Dankbarkeit dafür.

*„Wir pflügen, und wir streuen den Samen auf das Land, doch
Wachstum und Gedeihen steht in des Himmels Hand: der
tut mit leisem Wehen sich mild und heimlich auf und träuft,
wenn heim wir gehen, Wuchs und Gedeihen drauf.*

*Alle gute Gabe kommt her von Gott dem Herrn, drum dankt
ihm, dankt, drum dankt ihm, dankt und hofft auf ihn!"*

Geist und Leitung

Peter Burkowski

Was bestimmt den Halt und die Haltung in der Kirche?

Anmerkungen zu einer „christlichen Organisationsgrammatik"

Die Besonderheit des Leitungshandelns in der Kirche wird gegenwärtig wieder verstärkt als „geistlich" apostrophiert und damit von anderen Formen und Verständnissen von Leitung unterschieden und abgegrenzt. Eine mögliche Begründung dafür könnte in der Sehnsucht liegen, sich dem, was den Kern von Kirche ausmacht, wieder neu zu vergewissern und für zukünftiges Handeln fruchtbar zu machen. Einen ganz anderen Zugang zum „Kern" findet der Verfasser in der Übertragung der im systemischen Management genutzten Metapher einer Organisationsgrammatik auf das Wesen, den Auftrag und das Handeln von Kirche. Dieses zunächst angedachte Modell einer „christlichen Organisationsgrammatik" wird auf einige ausgewählte Leitungsthemen wie Organisationsentwicklung, Strategieentwicklung, Personalentwicklung und Person und Persönlichkeit angewendet.

Diese Anmerkungen wollen eine Einladung sein, weiterzudenken, sich des Rückhaltes im Glauben zu vergewissern und aus dieser Grundhaltung heraus Leitung umfassend wahrzunehmen und zu gestalten.

1. Die Frage nach dem Unterschied, der wirklich einen Unterschied macht

Nach dem Gottesdienst kommen wir ins Gespräch. Und schon nach wenigen Sätzen geht es um den Beruf. Wie so oft. Also sage ich den inzwischen vertrauten Satz: „Ich leite die Führungsakademie für Kirche und Diakonie hier in Berlin." Ein leichtes Strahlen meines Gesprächspartners unterstreicht die folgende Frage: „Gibt es dort nur Angebote für Kirchenleute oder auch für so ‚normale' evangelische Unternehmer wie mich? Ich versuche, mein Handeln an meinem Glauben zu orientieren. Das ist nicht immer leicht. Und manchmal bin ich unsicher. Gibt es bei Ihnen vielleicht einen Gesprächskreis über solche Fragen: Glauben, Weltbild, Menschenbild, verantwortlich handeln?" Das weitere Gespräch drehte sich darum, ob es eigentlich eine „christliche Organisation" gibt und woran man sie wohl erkennen kann.

Leicht könnten weitere Erlebnisse aus der Beratungs- und Leitungspraxis angefügt werden: Manchmal geht es um Personalfragen und deren angemessene Bearbeitung innerhalb der „Gemeinschaft der Heiligen", dann um „christliche" Geldanlagen oder um Erwartungen an ein „christliches Menschenbild".

Der Gebrauch des Begriffs der „Geistlichen Leitung" deutet an, dass gegenwärtig in der evangelischen Kirche ein großes Bedürfnis besteht, die Mitte, den Grund und die Hoffnung des Glaubens in komplexen Herausforderungen und schwierigen Entscheidungsprozessen festzuhalten. Vielleicht könnte der im systemischen Management genutzte Begriff der „Organisationsgrammatik" angefüllt werden mit dem, was unser Glaube, unsere Tradition und Theologie bereithalten. Es ist einen Versuch wert, den ich hiermit vorlegen möchte.

Mit den Herausforderungen und Veränderungen in der Kirche stieg in den letzten Jahren auch die Rückbesinnung auf den Begriff „geistliche Leitung". In vielfältiger Weise hat dieses Begriffspaar in das kirchenleitende Vokabular wieder Einlass gefunden. Die häufige Verwendung ist aber wohl eher ein Symptom für ein Orientierungsdefizit als ein Beitrag zur Behebung desselben. „,Geistliche' Leitung will nun auf der kybernetischen Ebene gegenüber Leitungsformen, die es auch sonst überall gibt, einen christlichen, bekenntnismäßigen, frömmigkeitspraktischen Mehrwert signalisieren. Dieser Mehrwert trägt die Last der ersehnten Re-Integration."[1]

Ähnlich sieht es auch Thorsten Latzel: „‚Geistlich' steht insofern für die Frage nach dem Genuinen, dem Eigenen, dem ‚proprium', die sich immer wieder stellt, sobald Kirche oder Theologie auf fremde Erkenntnisse zurückgreift. Zum anderen weist es auf eine Kluft hin, die zwischen dem Bedürfnis nach und der Akzeptanz von Leitung in der evangelischen Kirche besteht: Es gibt einen Wunsch nach Leitung, aber nicht danach, geleitet zu werden. ‚Geistlich' ist in dieser Hinsicht mehr ein Problemanzeiger als eine inhaltliche Bestimmung."[2]

---

1   Dieter Beese, „Geistliche" Leitung? Ein kritisches Essay, in: Dehnübungen – Geistliche Leitung in der Diakonie, Zwischen wirtschaftlichen Erfordernissen und geistlichem Anspruch, hrsg. v. Diakonie Rheinland-Westfalen-Lippe e.V., Wuppertal 2015, 22–68, hier: 30.

2   Thorsten Latzel, „Geistlich Leiten" – Versuch einer Begriffsschärfung, in: „Geistlich Leiten – Ein Impuls", epd-Dokumentation Nr. 6/2012, Frankfurt a.M. 2012, 6.

Wenn aber in der Gegenwart die evangelische Kirche immer stärker auf die Organisations-Logik angewiesen ist, um notwendige Veränderungen zu gestalten, um Rückbau und Umbau von Strukturen gemeinschaftlich zu bewältigen, um eine angemessene Reaktion auf die gesellschaftlichen Transformationsprozesse (Globalisierung, Digitalisierung, Pluralisierung usw.) zu finden und die Kommunikation des Evangeliums in alledem heute und morgen kraftvoll zum Ausdruck zu bringen[3], dann stellt sich die Frage, aus welcher inneren und äußeren Haltung des christlichen Glaubens heraus sich diese organisatorischen Veränderungen in der Tiefe speisen und bestimmen lassen. Denn es geht um die Gestaltung der Gemeinde, des Dekanats, einer Region in Ungewissheit und Komplexität mit dem Ziel, die Botschaft von der Liebe Gottes in dieser Welt sichtbar und hörbar zu machen. Wie sind in diesen Leitungsentscheidungen Glaube und Theologie relevant und hilfreich? Wie kommen die biblischen Einsichten und Aussichten mit hinein in diese Überlegungen und Prozesse, wenn sie nicht nur nettes Beiwerk oder Präambel sein sollen?

2. Was ist Organisationsgrammatik?

Im systemischen Management[4] taucht neuerdings der Begriff der „Organisationsgrammatik" auf.

Der Organisationsgrammatik folgen die Verhaltensweisen in einer Organisation, ganz so, wie die Sprache und die

---

3   Vgl. hierzu Eberhard Hauschildt, Kirche und Zukunft, in: Zeitschrift für OEGB, Heft 14/2014, 10–17, hier: 13.

4   Z.B. Johannes Rüegg-Stürm, Das neue St. Galler Management-Modell, Grundkategorien einer integrierten Managementlehre, Zürich 2003.

Schrift den Regeln der Grammatik folgen. Man sieht sie nicht, aber man weiß, dass es sie gibt. Die „Organisationsgrammatik umfasst insbesondere wechselseitig unterstellte Erwartungen und Entscheidungsprämissen, an denen sich Menschen bei ihrem Entscheiden und Handeln *implizit* ausrichten. Diese machen es überhaupt erst möglich, unter Ungewissheit und Ambiguität entscheiden und handeln zu können. ... Wie in der Alltagssprache lässt sich aber eine Organisationsgrammatik nicht von Einzelpersonen erzeugen. Sie ist ein fragiles Produkt *gemeinschaftlicher Alltagsbewältigung und deren Reflexion.*"[5] Die Organisationsgrammatik ist Teil der Kultur einer Organisation bzw. der jeweiligen Unternehmenskultur (zentrale Momente sind Normen und Werte; Einstellungen und Haltungen; Geschichten und Mythen, Sprache, Geschichte, Rituale, kollektive Erwartungen usw.).

Das Nicht-Sichtbare, die bestimmenden tiefen Werte und Normen, die historischen Prägungen und gewordenen Mentalitäten bestimmen die Organisationsgrammatik.

„Diese Metapher bringt zum Ausdruck, dass das Alltagsgeschehen einer Organisation sich ganz selbstverständlich nach unsichtbaren Gesetzmäßigkeiten abspielt. Dies geschieht in ebensolcher Weise, wie etwa der Vollzug des Sprechens auf Regeln und Richtlinien der Sprache basiert, ohne dass diese im Alltagsvollzug bewusst sein müssten. Beispielsweise können kleine Kinder sprechen, ohne je eine Grammatik gelesen zu haben. ... Der Begriff der ‚Organisationsgrammatik' macht darüber hinaus deutlich, dass diese latente Struktur der Organisation über einen längeren Zeitraum Bestand hat und sich nicht kurzfristig ändern oder ‚verlernen' lässt. Die Organisationsgrammatik basiert als Teil der

---

5 Rüegg-Stürm, 157.

Systemgeschichte auf bewährten und somit erfolgreichen Formen der Bearbeitung vergangener Herausforderungen."[6]

Es ist eben nicht nur das gemeint, was sofort als Sachverhalt auf der Hand liegt, an der Oberfläche sichtbar oder gerade als Frage auf dem Tisch ist, sondern ebenso, was im Alltag durch Bilder, Texte und Worte sichtbar und erlebt wird: Rituale wie Andachten und Gottesdienste; Gestaltung von Räumen; eine Festkultur im Jahreskreis; eine Kultur der Achtsamkeit usw. Hierin kommt zum Ausdruck, was im Untergrund unbewusst, aber durch die „Systemgeschichte" geprägt mitläuft – ganz so wie die Grammatik beim Sprechen.

Vielleicht könnte so das oft ausgesprochene seltsame Gegenüber „hier Theologie und Glaube – dort notwendige Entscheidungen zur Gestaltung der Organisation" miteinander versöhnt werden.

3. Eine „christliche Organisationsgrammatik" bestimmt Halt, Haltung und Verhalten.

Versucht man nun, die Metapher der Organisationsgrammatik auf die Kirche (als Glaube und Theologie) anzuwenden, dann steht z. B. die heilsame Begrenztheit des eigenen Tuns vor Augen. Die eigene Verantwortung hat einen Halt in dem, der die Welt geschaffen hat und zur Gestaltung der Welt beauftragt; zugleich ist dadurch aber auch eine heilsame Grenze gesetzt. Wenn Gott allein die Kirche durch seinen Geist leitet, dann ist nicht alles „machbar", sondern bleibt im Letzten unverfügbar und nicht planbar.

---

6 Hendrik Höver, Entscheidungsfähigkeit in pluralistischen Organisationen – Rekonstruktion von Entscheidungsmustern eines diakonischen Unternehmens, Diss. Universität St. Gallen, Bamberg 2013, 77.

Weiterhin sind Gottes Liebe und Nächstenliebe, Gerechtigkeit und Recht tief in der christlichen Gemeinde verankert und deren äußere Erkennungszeichen. Hier ist bewusst, dass Nächstenliebe sich in schwierigen Situationen zu bewähren hat oder dass es eine Vorstellung von einem „christlichen Menschenbild"[7] gibt. In einer christlichen Organisationsgrammatik spielt Vertrauen eine große Rolle; Vertrauen ist die Frucht des Glaubens und in der Zusammenarbeit und im Zusammenleben von Menschen in der christlichen Gemeinde von großer Bedeutung. Deshalb erfordert Leitung ein hohes Maß an Kommunikation und Transparenz, Klarheit über Ziele, Verfahren und Rollen. Vertrauen kann so als eine Haltung und Entscheidung wahrgenommen werden.

Weitere Haltungen des christlichen Glaubens wie z. B. einer bedingungslosen Zuwendung zum anderen Menschen, des Wissens um das eigene Geführtwerden oder eines „Geschmacks von einem anderen Leben" gehören gewiss ebenso in eine christliche Organisationsgrammatik.

Die gute evangelische Tradition, dass Führen und Leiten immer „Leiten in Gemeinschaft" ist, in der sehr unterschiedliche Menschen mit je ihren Lebens- und Glaubenserfahrungen zusammenkommen, braucht zugleich die Beschreibung der jeweiligen gemeinsamen Grundlagen z. B. durch Leitbildprozesse, in Konzeptions- und Strategiepapieren.

Führen und Leiten in der Kirche geschehen in der Gewissheit, dass allein Gottes Geist die Kirche leitet. Und zugleich wirkt Gott durch verantwortliche Menschen. Diese Span-

---

7   Beate Hofmann, Diakonische Unternehmenskultur, Handbuch für Führungskräfte, Stuttgart 2008, 25 (Autonomie, Individualität, Beziehungsfähigkeit, Freiheit, Selbstüberschreitung/Selbstdistanzierung als Gegensätze zu Verdanktheit als Geschöpf, Sozialität, Beziehungsbedürftigkeit, Fehlbarkeit/Schuldfähigkeit, Sterblichkeit); hierzu auch Edgar Schein, Organisationskultur, EHP – Organisation, Bergisch-Gladbach, ³2010.

nung von dem, was nur geschenkt werden kann und was täglich getan werden muss, steht in dem Zuspruch des Glaubens und der Zusage der Gegenwart und Begleitung Gottes.

Eine christliche Organisationsgrammatik durchdringt alle Bereiche der Leitungsverantwortung; ganz so wie durch die 2. These der Barmer Theologischen Erklärung alle Bereiche des Lebens unter die eine Herrschaft Jesu Christi gestellt werden und zur frohen „Befreiung aus den gottlosen Bindungen dieser Welt" (Barmer Theologische Erklärung 2. These) gehören:

Organisationsentwicklung

Zur Erfüllung des kirchlichen Auftrags und zur Erreichung konkreter Ziele bedarf es der Veränderung und des Wandels von Aufbau- oder Führungsstrukturen. Ein Grundsatz kirchlicher Organisationsentwicklung lautet, dass die soziale Gestalt und die Ordnung der Kirche dem Auftrag folgt (Barmer Theologische Erklärung; These 3 „... mit ihrem Glauben wie mit ihrem Gehorsam, mit ihrer Botschaft wie mit ihrer Ordnung"). Die Sozialgestalt der Kirche ist also eine Aufgabe der theologischen und geistlichen Reflexion. Vielleicht wird nirgendwo sonst die Vertrauensdimension des Glaubens so deutlich wie in diesem Zusammenhang. Das Vertrauen in eine (immer) unbekannte Zukunft und in Gottes Gegenwart gehört zur Grammatik des Glaubens und setzt eine Haltung von mutiger Entscheidung frei.

Strategieentwicklung

Führen und Leiten in Kirche hat heute die Verantwortung dafür, dass der Auftrag der Kommunikation des Evangeliums auch in Zukunft angemessen wahrgenommen wird.

Eine „christliche Organisationsgrammatik" sieht hier eine deutliche Orientierung an Gottes Auftrag, Zusage und Verheißung; dies kommt in einer Haltung der Zuversicht zum Ausdruck.

Strategische Überlegungen von Leitungsgremien nehmen ihre Zeit wahr, z. B. durch eine Analyse der Zeit- und Rahmenbedingungen oder eine Stärken-Schwächen-Analyse, und vergewissern sich zugleich ihres Auftrages, ihrer Ausrichtung und zukünftigen Konzentration oder Kooperation. In welcher Weise wird die Organisation konkret an der Kommunikation des Evangeliums teilhaben? Dieses erfordert eine Haltung kontinuierlicher Reflektion und mutiger Gestaltungskraft, die sich speist aus einer Freiheit des Glaubens, dem der Aufbruch in Gottes Zukunft keine Angst macht. Und ebenso bleibt diese Frage offen für das Wirken Gottes in dieser Welt, für die Wirkung der Geistkraft.

Personalentwicklung

Das biblische Menschenbild sieht den Menschen als Geschöpf Gottes, als begabt und entwicklungsfähig, als verantwortlich und sinn-orientiert. Der Mensch ist berufen zur Gestaltung der Welt und zur Verantwortung für Mitwelt und Mitmenschen. Das Geschenk der jeweiligen Gaben zu entwickeln, ist individuelle Verantwortung und Begrenzung im Blick auf die Gemeinschaft der verschiedenen Gaben (ein Leib – viele Glieder). Die paulinische Gabenlehre ist Aufgabe und heilsame Begrenzung zugleich. Die Entdeckung und Förderung der Stärken und der Gaben anderer ist Aufgabe der Leitung der christlichen Gemeinde. Hierzu gehört eine Haltung der Aufmerksamkeit und Achtsamkeit für Stärken und Gaben, eine wertschätzende Unterstützung und Förderung sowie eine Kultur der Fehlerfreundlichkeit und Entwicklungsmöglichkeit. Daraus resultiert etwa eine Konzentration auf Personalgespräche und eine gute Feedback-Kultur.

Person und Persönlichkeit

Führen und Leiten in der Kirche umfasst immer Selbstreflexion und (geistliche) Selbstleitung. In der reformatorischen Trias von „Glaube – Freiheit – Verantwortung" ist angelegt, dass der durch den Glauben befreite Mensch fähig und bereit ist zur Verantwortung in der Welt. Wir Menschen sind an Gottes Werk in dieser Welt beteiligt. Die christliche Verantwortung weiß um die Begrenztheit, das Scheitern, die Fehlerhaftigkeit sowie um die Bedürftigkeit der Ergänzung durch die Gemeinschaft; „Geschöpf zu sein" ist eine heilsame Selbstbegrenzung, die das Wissen um die Entfaltung der eigenen Gaben ebenso einschließt wie die Erkenntnis, dass niemals alle Gaben auf einen Menschen vereint sind. Glaube als Vertrauen und Angenommensein ist eine große Vergewisserung in zunehmender Komplexität und Unübersichtlichkeit. Der Glaube rechnet zuversichtlich mit dem Gelingen und weiß, dass ein Scheitern nicht der Untergang ist.

„Gott lässt wachsen, auf seine Weise, auf seine Art und in seinem Tempo, an unterschiedlichen Orten. Die Verantwortung des Menschen ist: den Samen auszustreuen. In diesem Bild bewegt sich auch Paulus und spricht von uns als den ‚Mitarbeiterinnen und Mitarbeitern Gottes' (... 1Kor 3,9) Gott ist der, der wachsen lässt. Unsere Aufgabe ist das Säen, Pflanzen, Gießen ... Paulus hat keine Scheu, davon zu reden, dass wir an dem beteiligt sind, was Gott in dieser Welt tut. Da hat er ein unverkrampfteres Verhältnis als die protestantische Tradition und ihre Ängste, menschliches Tun könnte in Richtung Werkgerechtigkeit und Selbsterlösung oder Stolz und Machbarkeit etc. abgleiten. Die Frage ist an dieser Stelle nicht, ob wir von unserer Mitarbeit an dem, was Gott tut, sprechen, sondern in welcher Weise wir es tun."[8]

4. Fazit

Wenn es also heute im Wesentlichen um die Frage geht, „was wir als Kirche eigentlich tun sollen"[9], dann kann es hilfreich sein, nicht nur die Instrumente zu kennen, sondern immer wieder einmal eine christliche Organisationsgrammatik durchzubuchstabieren: Vertrauen und Offenheit, Freiheit und Verantwortung, heilsame Begrenzung und Förderung von Gaben, Unterbrechung und Unverfügbarkeit. Der Halt des Glaubens bestimmt die Haltung der handelnden Kinder Gottes und ihres Verhaltens.

---

8   Isabel Hartmann / Rainer Knieling, Gemeinde neu denken, Gütersloh 2014, 97.

9   Latzel, 9.

Leif Rother

„Wir sind dann mal bei uns."

Erfahrungsbericht zum Sabbatjahr 2013/2014 in der Kirchengemeinde St. Marien zu Waren (Müritz)[1]

„Wir sind dann mal bei uns." Unter diesem Motto haben wir als Kirchengemeinde St. Marien in Waren (Müritz) ein Sabbatjahr gewagt. Wir haben dem großen Karussell, das sich bei uns geschwind durch ein Kirchenjahr drehte, mit Gottesdiensten, Konzerten, Veranstaltungen und Unternehmungen Jahr für Jahr voller gefüllt, bewusst in die Speichen gefasst. Für uns war das Neuland, ein Versuch, der von außen teils neugierig, teils skeptisch oder auch mit großem Verständnis beobachtet, kommentiert bzw. begleitet wurde. Immer wieder fragte man uns nach unseren Erfahrungen. So will ich der Bitte folgen und hier einiges zu der Idee, der Struktur, den Rahmenbedingungen und den gemachten Erfahrungen aus meiner Wahrnehmung mitteilen[2].

Die **Idee** zu einem Sabbatjahr für die Gemeinde kam mir in der Predigtvorbereitung zum 12. Sonntag nach Trinitatis im Jahr 2011. Wir hatten zu einem Dankgottesdienst für alle ehrenamtlichen Mitarbeiterinnen und Mitarbeiter in der Gemeinde eingeladen. Zu predigen war über Jesaja 29,17-24.

---

1   Geschrieben habe ich diesen Bericht in der Woche vom 03.–10.01.2015 in der klösterlichen Stille in der Benediktinerabtei Gerleve, auch den Brüdern dort gilt mein Dank für die gewährte Gastfreundschaft.

2   Dies ist kein vom Kirchengemeinderat verfasster oder autorisierter Bericht zum Sabbatjahr, sondern persönliche Reflexion aus der Perspektive pastoraler Existenz.

Die Verheißung an die *„Elenden"*, die *„wieder Freude haben werden am Herrn"*, ließ mich im aktuellen Erleben der **Gemeindesituation** nicht los. 20 Jahre Aufbauarbeit standen mir vor Augen. Große Gestaltungsmöglichkeiten hatten sich für uns als Gemeinde mit der politischen Wende im Jahr 1989 ergeben. Durch innovative Projekte konnten drei Kirchen vollständig saniert werden. Pfarrhaus und Gemeindehaus waren, auch durch viel Eigenleistung, zu schönen, funktionalen Gebäuden hergerichtet worden. Aber auch der Gemeindeaufbau nach innen war in vielerlei Hinsicht gelungen. Differenzierte gottesdienstliche Angebote hatten die Gottesdienstbesucherzahlen stetig wachsen lassen. Lebendige Gruppen und Kreise, etwa im Bereich der Eine-Welt-Arbeit, der Kirchenmusik und der Hauskreisarbeit, waren entstanden. Im Bereich der Kinder- und Jugendarbeit gab es viele Angebote für die unterschiedlichen Altersstufen. Weiteres ließe sich noch ergänzen. Aber dieses Maß an Aktivität hatte seinen Preis gefordert. Langjährige ehrenamtliche Mitarbeiterinnen und Mitarbeiter verabschiedeten sich aus ihrem Engagement. Die Atmosphäre in der Gemeinde veränderte sich. Spontane Verabredungen, Gespräche nach dem Gottesdienst, gemeinsame Unternehmungen wurden seltener. Auch blieb mir als Pastor in der Fülle der Aufgaben immer weniger Zeit für Seelsorge und Besuche. Im Kirchengemeinderat, in der Ausschussarbeit wurde die Stimmung zunehmend kühler, ja auch gereizter. Die innere Freude, die uns über viele Jahre getragen und die Gemeindeatmosphäre geprägt hatte, war für mich nur noch selten zu spüren[3]. Grund dafür war nach meiner Einschätzung neben anderem

---

3 Diese Befindlichkeit spiegelte sich für mich auch in folgenden Worten des Propheten Jesaja (47,13) treffend wider: „Du hast dich müde gemacht mit der Menge deiner Pläne."

wohl auch: Wir hatten es nicht nur versäumt, sondern ver-
lernt, uns an dem Erreichten zu freuen.

Ausgehend vom Bild des „fruchtbaren Landes" im Text des
Propheten, beschrieb ich unsere Gemeindesituation und die
Vision eines Sabbatjahres für die Gemeinde in oben erwähn-
ter Predigt folgendermaßen:

> *„Ich finde, unser Gemeindegarten ist schön. Er ist üppig und
> blüht an vielen Stellen. Aber aus irgendeinem Grund fällt es
> uns als Gemeinde schwer, uns auf die Hollywoodschaukel zu
> setzen und zu sagen: So, jetzt genießen wir mal den Duft und
> die Pracht, die Fülle des Lebens und die Herrlichkeit Gottes. Nein,
> ist das eine getan, schauen wir sofort nach der nächsten Ecke
> Brachland in unserem Garten und ziehen dorthin mit Hacke
> und Spaten und gehen ans Werk, ohne nach unseren Kräften zu
> fragen. Und weil, wie ich finde, die Zeit zum Durchatmen fehlt,
> fällt die Freude uns schwer ... Vielleicht brauchen wir einfach
> mal ein Jahr, wo wir nicht nur kurz die Klappstühle aufstellen,
> sondern uns gelassen in die Hollywoodschaukel fläzen ... Ich
> habe die Vision von einem Gemeinde-Sabbat-Jahr, wo wir un-
> sere Aktivitäten ganz bewusst begrenzen und uns Zeit nehmen
> für uns selbst und unsere Familien, füreinander, für Besuche,
> Begegnungen, ein großes Gemeindesommerfest ..."*

Diese Idee fand Resonanz und war fortan Gespräch in der
Gemeinde. Sie wurde kontrovers diskutiert, auch im Kirchengemeinderat. So wurde im Herbst 2011 beschlossen[4], die Idee
zunächst in den verschiedenen Gemeindekreisen und Ausschüssen zu besprechen und erst nach breiter und intensiver
Diskussion eine Entscheidung zu fällen. Dieser **Prozess** war
aus meiner Sicht wichtig und von großem Gewinn. Neben der
Auseinandersetzung mit biblischen Texten und Gedanken

---

4   KGR-Sitzung am 13.10.2011.

zum *Sabbatgebot*[5], zum Verständnis von *Gemeindewachstum*[6] oder zum *Dienst in der Gemeinde*[7] ging es u. a. um folgende Fragen: Was ist uns an unserer Gruppe / unseren Treffen wertvoll? Was soll bleiben? Was würden wir gerne (weg-)
lassen? Was hat seine Zeit gehabt? Was bedarf der Klärung?
Was würden wir gern ausprobieren bzw. verändern? Welche
Ängste haben bzw. welche Chancen sehen wir im Blick auf
das Lassen? Ich habe den Austausch zum Projekt „Sabbatjahr" sehr offen, ehrlich und konstruktiv erlebt. Allerdings
wurde auch deutlich: Jede Gruppe hat nicht nur ihre besondere Wahrnehmung zur Gemeindesituation, eigene Ideen,
wie ein Sabbatjahr für die Gemeinde gelebt werden könnte,
sondern auch eine eigene Vorstellung bezüglich möglicher
Reduktion und zu gehendem Tempo. Die Bandbreite reichte
von: *Reduktion auf das absolut Notwendige* bis *Wir machen
weiter wie bisher*. So entschloss sich der Arbeitskreis Hör-
spielkirche, eine Hörspielsaison auszusetzen und die Kirche
lediglich als Raum der Stille (ohne personelle Betreuung) zu
öffnen. Der Posaunenchor dagegen verlagerte seine in der
Gemeinde durch Reduktion von Konzerten und Gottesdiensten frei gewordenen Ressourcen in Aktivitäten außerhalb
der Gemeinde und musizierte verstärkt in Kirchengemeinden in der Region. Diesen unterschiedlichen Umgang mit
der Idee des Sabbatjahres galt es zu kommunizieren und
mit entsprechendem Konfliktpotenzial auch auszuhalten.
Der Rücklauf aus den verschiedenen Gemeindegruppen und
Ausschüssen war insgesamt aber positiv. Bei manchen Ängs-
ten, es könne ehrenamtliches Engagement auf Dauer weg-
brechen oder nach einer Phase der Ruhe eventuell an bis-

---

5   1Mose 2,1-4; 2Mose 20,8-11; 3Mose 25,1-4.

6   Mk 4,26-29.

7   1Kön 19,1-14; Mk 6,30-34,Lk 10,38-42.

WIR SIND DANN MAL BEI UNS."

her etablierte Veranstaltungen nicht wieder angeschlossen werden, gab es doch eine überwiegende Zustimmung, das Gemeinde-Sabbat-Jahr zu wagen. Nach intensivem Diskussionsprozess fasste der Kirchengemeinderat im Januar 2013 den **Beschluss**, vom 1. Advent 2013 bis zum Ewigkeitssonntag 2014 ein Gemeinde-Sabbat-Jahr zu halten.[8] Wir haben uns also zwischen Idee und Realisation viel Zeit gelassen. Ich denke, das war gut und die Voraussetzung dafür, dass wir nach anfänglichen Bedenken schließlich eine breite Akzeptanz für dieses Projekt in der Gemeinde gefunden haben.

Folgende **Motivation/Ziele** haben uns beim Beschluss für das Sabbatjahr geleitet:

1) Im Vertrauen auf Gott reduzieren wir unser „Veranstaltungskarussell" und begrenzen unsere Aktivitäten zur Umsetzung vorgenommener Projekte[9]. Dabei wollen wir offen sein und erspüren, was sich dann mit uns und für uns ereignet, was Gott uns schenkt. Das soll uns helfen, das Lassen auch als eine existenzielle Grundhaltung einzuüben[10].

2) Wir wollen Gott feiern, Räume für spirituelle Erfahrungen öffnen[11], seine Botschaft von der Rechtfertigung aus Gnade verstärkt in den Mittelpunkt stellen und uns dabei bewusst machen: „Gott ist unsere Zuversicht und Stärke"[12] und nicht wir selbst.

---

8 KGR-Sitzung am 31.1.2013, nachdem im Herbst 2012 im Rahmen der Klausurtagung eine Entscheidung vertagt worden war.

9 Z. B. Glockenprojekt, zur Anschaffung eines neuen Geläuts in der Marienkirche.

10 Das Lassen u. a. auch als Form des Memento mori.

11 Z. B. Nacht der offenen Kirche zum Beginn der Sabbatzeit, Stillegottesdienste und Gottesdienste nach der Liturgie der Neuen Messe mit Torsten Harder.

12 Psalm 46,2, vgl. Fulbert Steffensky, „Pastorale Existenz heute", Vortrag auf

3) Die zeitlichen Ressourcen, die durch die Reduktion von Veranstaltungsangeboten und weniger administrative Aufgaben entstehen, begreifen wir als Chance, uns denen verstärkt zuwenden zu können, die in der „Stille" der Gemeinde sind[13]. Wir hoffen, dass sich durch Begegnungen und Gespräche und das Erleben von Gemeinschaft unser Miteinander vertiefen und die Beheimatung von Menschen im System Kirche gefördert werden kann.

4) Im Bereich der Gremienarbeit nutzen wir entstehende Ressourcen, um künftige Ziele der Gemeindearbeit zu verabreden. Dabei soll Raum sein für die kritische Reflexion von den Aktivitäten und Angeboten, die über die Jahre gewachsen sind, sowie für eine intensive Auswertung der Erfahrungen im Gemeinde-Sabbat-Jahr.

5) Wir erwarten durch das Sabbatjahr eine Entlastung der ehren- und hauptamtlichen Mitarbeiterinnen und Mitarbeiter und laden dazu ein, ehrenamtliche Tätigkeit zu reflektieren und ggf. neu einzubalancieren.

6) Wir hoffen, dass wir durch das Sabbatjahr Motivation und Kreativität zurückgewinnen und Gottes guter Geist uns mit neuer Strahlkraft, Freude und Fröhlichkeit beschenken möge.

7) Wir verstehen das Gemeinde-Sabbat-Jahr auch als einen Impuls an unser soziales Umfeld in Familie, Kirche und Gesellschaft, über den eigenen Lebensrhythmus nachzudenken, und freuen uns auf diesbezügliche Gespräche und Impulse.

---

dem Konvent der Pastorinnen und Pastoren im Sprengel Mecklenburg und Pommern am 15.10.2014 in Güstrow.

13 Klassisch als „Karteileichen" bezeichnet; m. E. wird aber dieser Begriff Menschen mit ihrer distanzierten Bindung an das System Kirche nicht gerecht.

Abgeleitet von diesen Zielen haben wir dann folgendes **Aktivitätsmuster für das Gemeinde-Sabbat-Jahr verabredet:**

1) An den Kirchen und Gebäuden finden nur absolut notwendige Baumaßnahmen statt[14].

2) An der Vorbereitung und Durchführung überregionaler Veranstaltungen[15] beteiligen wir uns als Gemeinde nicht, sondern erfreuen wir uns an den Ideen und Begabungen der anderen Gemeinden.

3) Im gottesdienstlichen Leben gibt es eine Konzentration auf eine zentrale gottesdienstliche Feier am Wochenende[16]. Die Gottesdienstgemeinde des Landbereiches versammelt sich im Winterhalbjahr mit im Stadtbereich. Im Sommer feiert die Stadtgemeinde an einem Sonntag im Monat gemeinsam mit den Geschwistern vom Landbereich in einer der Dorfkirchen einen gemeinsamen Gottesdienst.

4) Es werden nur wenige Konzerte veranstaltet[17].

5) Die 10. Hörspielsaison in Federow wird ausgesetzt und findet erst 2015 statt.

6) Die Gottesdienste und auch die Kirchenöffnungen werden im Sabbatjahr verstärkt den Geist der Stille atmen und in noch stärkerem Maße zu Ruhe und Besinnung einladen. In den Sommermonaten werden wir ein regelmäßiges Mittagsgebet in der Marienkirche etablieren.

---

14 Zur Wahrung der Verkehrssicherungspflicht.

15 Z. B. gemeinsamer Gottesdienst aller christlichen Gemeinden und Jugendtag der Müritz-Region.

16 Nur an Heiligabend und am Ewigkeitssonntag haben wir dieses Prinzip verlassen.

17 Es fanden zwei Bläsermusiken und ein Gospelkonzert in Waren, in der Dorfkirche Speck der kleine Konzertsommer mit vier, bewusst meditativ gehaltenen Programmen statt sowie ein Konzert in der Dorfkirche Kargow (Unterdorf) anlässlich der 725-Jahr-Feier des Dorfes.

Alle Gottesdienste und Gemeindeveranstaltungen sollen mit einem kurzen biblischen Votum und einem Moment der Stille beginnen[18].

7) Alle Amtshandlungen können wie gewohnt in Anspruch genommen werden.

8) Der Konfirmandenunterricht und die Angebote der Kinder- und Jugendarbeit werden im gewohnten Rhythmus fortgeführt, in Form und Inhalt aber an das Sabbatjahr angepasst.[19]

Darüber hinaus haben die einzelnen Gemeindegruppen „ihr" Sabbatjahr geplant und Verabredungen für Inhalte und Häufigkeit ihrer Treffen verabredet. So hat z. B. der Familienkreis entschieden, die Frequenz der monatlichen Treffen zu strecken, aber im Herbst einen Wochenendausflug zu unternehmen.[20] Der Tansaniakreis hatte beschlossen, auf Projektarbeit zu verzichten und in den reduziert stattfindenden Zusammenkünften stattdessen grundsätzliche Fragen der Partnerschaftsarbeit zu reflektieren. Im Bereich der Kinder- und Jugendarbeit verständigten wir uns in Absprache mit den Eltern darauf, die Ferienfreizeiten und die Konfirmandenfahrt bewusst in die Region zu unternehmen und dadurch auf lange Anfahrtswege und aufwendige logistische Planung zu verzichten. Für die Familien-Christ-

---

18 Vom Ausschuss für Gottesdienst und Kirchenmusik wurden sieben Voten festgelegt, die sich inhaltlich an der Idee des Sabbatjahres, aber auch am Kirchenjahr orientierten, für den Gottesdienst hat sich die Idee etabliert (siehe unten), im Kontext anderer Gemeindeveranstaltungen jedoch nicht.

19 Z. B. durch Stillerituale im Unterrichtsgeschehen oder die verstärkte Einbeziehung von sakralen Räumen in Unterrichtskonzepte.

20 Dieser war schon länger als gemeinsames Vorhaben benannt, aber aus Termingründen nie realisiert worden.

vesper wurde nicht, wie in den vergangenen Jahren erfolgt, ein aufwendiges Musical mit viel Technik und vielen Proben, sondern ein einfaches Krippenspiel vorbereitet. Auch die Bibelwoche wurde im Umfang und in der methodisch-didaktischen Vorbereitung und Durchführung deutlich verschlankt.[21]

Um eine möglichst breite Akzeptanz für das Gemeinde-Sabbat-Jahr, die definierten Ziele und innergemeindlichen Verabredungen zu erreichen, brauchte es eine gute interne und externe **Kommunikation**. Dies war durchaus eine Herausforderung. Denn das Schreiben von Pressemitteilungen und Artikeln, aber auch die Gespräche mit Pressevertretern, Mitarbeitern und Mitarbeiterinnen im unmittelbaren[22] und weiteren kirchlichen Umfeld sowie mit Menschen im gesellschaftlichen Kontext kosteten Kraft und Zeit. So sehr uns ein breites Interesse und intensives Nachfragen zu dem Projekt freute, wurde uns auch in diesen Zusammenhängen einmal mehr deutlich: Lassen gibt es nicht zum Nulltarif, sondern es fordert im Vorfeld erhebliche Ressourcen sowohl an Aktivität als auch an Kreativität.

Welche **Erfahrungen** haben wir nun in diesem für unsere Gemeinde sehr besonderen Jahr gemacht? Aus der Fülle des Erlebten möchte ich in drei **Perspektiven** berichten. Dabei verfahre ich exemplarisch und begrenze mich auf Einsichten, Erkenntnisse und Erfahrungen, die mir in besonderer Weise wichtig geworden sind:

---

21 Bestand aus Eröffnungs- und Abschlussgottesdienst sowie zwei Bibelgesprächsabenden (sonst gab es vier Abende, meist methodisch-didaktisch unter Einbeziehung von Gemeindegruppen sehr aufwendig vorbereitet).

22 Stadtökumene, benachbarte Kirchengemeinde, diakonische Einrichtungen.

1. **Gelungenes** – Ich habe das langsamere Tempo im Gemeindeleben als sehr angenehm wahrgenommen. Grund dafür ist gewiss auch meine dreimonatige Sabbatzeit, die ich im Sommer genießen durfte.[23] Abgesehen von dem persönlichen Gewinn, hat diese Auszeit zur Entschleunigung des Gemeindelebens insgesamt beigetragen, da die Vertretungspastorin für unsere Gemeinde mit einem Stellenanteil von 50 Prozent entsandt war und die Gemeinde auch dadurch zur konsequenten Einhaltung ihres Sabbat-Kurses motiviert wurde.

Gleichwohl aber hat das Leben seine eigene Dynamik. Es gab Wochen, die durch die Anzahl von Amtshandlungen oder durch die Veranstaltungsdichte im Kontext größerer Feste[24] doch sehr vom gewohnten Muster gemeindlichen Lebens geprägt waren. Das war auch nicht wirklich anders zu erwarten. Jedoch ist es gelungen, auch durch wöchentliche Reflexion in den Dienstberatungen, nach diesen besonderen Phasen bald wieder in den Sabbatmodus „runterzuschalten".

Insgesamt hatte ich in den neun Monaten meines Dienstes aber deutlich mehr Zeit für Besuche und Seelsorge. Bei den Gesprächen anlässlich von Geburtstagen, im Kontext von Amtshandlungen oder spontanen Begegnungen in anderen Zusammenhängen haben Menschen deutlich häufiger und offener als früher über Themen gesprochen, die sie im Kontext ihrer *Work-Life-Balance* bewegen. Sie sprachen über ihre Versuche, ihr Scheitern, aber auch über ihre Erfolge, das rechte Maß zu finden. Viele der Gespräche haben mich sehr berührt. Ich habe den Eindruck, dass durch unser

---

23 Vom 16. Juni bis 15. September.

24 Z. B. Veranstaltungen und notwendige Vorbereitungen rund um die Konfirmation.

Sabbatjahr und die breite öffentliche Kommunikation dazu eine zusätzliche Kontaktfläche zu Menschen im säkularen Umfeld entstanden ist. Ja, ich glaube, die Aufnahme der Thematik, wie ein guter Lebensrhythmus in unserer als schnell empfundenen Zeit gelingen kann, hat mich auch persönlich als Seelsorger stärker als bisher zu den Leidenden unserer Zeit gebracht, den Stressgeplagten und Ausgebrannten, zu den Opfern einer von Leistung dominierten Gesellschaft.

Auch die größere Ruhe und Konzentration im gottesdienstlichen Leben habe ich als heilsam erlebt. Die am Anfang und Ende der Gottesdienste gelesenen Voten, die Zeiten der Stille[25], meditative Elemente[26] wurden überwiegend als positiv erlebt, dienten der inneren Sammlung und eröffneten Räume zum Leben eigener Spiritualität. So hat der Kirchengemeinderat im Rahmen der Auswertung des Sabbatjahres beschlossen, auch aufgrund der positiven Resonanz aus der Gemeinde, diese Dinge beizubehalten[27]. Bereichernd für die Gemeinde waren aber auch Gottesdienste, mit denen wir uns bewusst von außen „beschenken" und neue Impulse für unser Gemeindeleben sammeln wollten oder in denen wir selbst im Verzicht auf Gewohntes Neues entdecken konnten. So haben der *Singegottesdienst*[28] und der *A-cappella-Gottesdienst*[29] uns die Gabe unserer

---

25 Z.B. nach den Eingangsvoten, zwischen Fürbittengebt und Vaterunser, nach Lesungen oder der Predigt.

26 Entzünden von Kerzen bei der Abkündigung von Amtshandlungen, am Ewigkeitssonntag für die Verstorbenen, meditative musikalische Impulse in den Gottesdiensten mit Torsten Harder (z. B. Aschermittwoch, Stillegottesdienste).

27 Siehe oben S. 147, Punkt 6.

28 Gehalten von Pastor Martin v. Frommannshausen am 26.1.2014 in der Marienkirche Waren.

29 13.4.2014 in der Marienkirche Waren, es wurde auf sämtliche instrumentale Gestaltung oder Begleitung verzichtet, nur gesungen.

Stimmen neu bewusst gemacht, den Gemeindegesang, aber auch das Gemeinschaftserleben im Gottesdienst gestärkt. Als stärkend haben die Geschwister im Landbereich auch die Gottesdienste erlebt, die als „Zentralgottesdienste" in den Sommermonaten in einer der Dorfkirchen gefeiert wurden.[30] Eine reichere musikalische Gestaltung, ein stärkerer Gemeindegesang, den Gottesdienst mal nicht nur als kleine Schar, sondern in größerer Gemeinschaft zu feiern, das tat gut. Gleichwohl haben die Geschwister im Landbereich ihren gewohnten Gottesdienstrhythmus in den Dorfkirchen schon vermisst und sind froh, dass wir diesen nach Ende des Sabbatjahres wieder aufgenommen haben[31]. Die positive Erfahrung der gemeinsam gefeierten Gottesdienste aber wird insofern fortgeführt, dass nun jährlich mindestens zwei „Zentralgottesdienste" für die Gesamtgemeinde im Landbereich gefeiert werden.[32]

Wohltuend waren die geweiteten Räume für Begegnung und Gespräch. In Ruhe nach dem Gottesdienst beim Kirchenkaffee oder einem gemeinsam vorbereiteten Mittagessen mit Menschen reden zu können, ohne den Druck vom nächsten Gottesdienst oder der nächsten Veranstaltung im Nacken zu haben, das habe ich mit anderen gemeinsam sehr genossen. Ich erinnere mich an gute Runden tiefer und lebendiger Gemeinschaft, in denen auch Gäste der Gemeinde ihren selbstverständlichen Platz hatten. Zahlenmäßig hatten wir, insbesondere beim gemeinsamen Kochen und Mittagessen, eine höhere Beteiligung erwartet. Hier gilt es zu akzeptieren, dass das sonntägliche Mittagessen in den eigenen vier Wänden im durchschnittlichen Gemeindemilieu offenbar einen

---

30 Siehe oben S. 147, Punkt 3.
31 Siehe oben S. 147, Punkt 5.
32 D. h., es wird dann in der Marienkirche in Waren kein Gottesdienst gefeiert, z. B. Himmelfahrt, Erntedank.

hohen Stellenwert besitzt und ein Verzicht darauf einen entsprechenden Anlass im Gemeindeleben voraussetzt.[33]

Eine besondere Erfahrung war die Konfirmandenfahrt. Als Ort hatten wir uns für ein Jugendferienheim im Müritz-Nationalpark entschieden.[34] Da das Haus nur eine knappe Autostunde von Waren entfernt liegt, haben wir als Gemeinde bewusst auf einen Transport der Jugendlichen verzichtet, sondern die Eltern gebeten, die Kinder zu fahren. Durch den Verzicht auf Fahrzeuge wurde unser Radius bewusst klein halten. Zum anderen förderte die Absprache von Fahrgemeinschaften den Kontakt unter den Konfirmandeneltern. Neben dem relativ kurzen Anfahrweg war ein weiteres Argument für das Haus, dass dort, vom Träger bewusst unterstützt, kein Mobilfunkempfang besteht. Das führte nach Ankunft bei den Konfirmanden zu erwarteten Protesten. Aber nachdem sie die Möglichkeiten des Hauses erkundet hatten, sahen wir sie recht bald miteinander(!) am Basketballkorb, auf dem Fußballplatz bzw. an dem -kicker oder den Tischtennisplatten spielen. Die gemeinsame Paddeltour war ein ebenso schönes Gemeinschaftserlebnis wie die abendliche Naturerkundung im Nationalpark. Aber auch auf die inhaltliche Auseinandersetzung bzw. kreative Umsetzung ihres Themas für den Vorstellungsgottesdienst[35] ließen sich die Konfirmandinnen und Konfirmanden in der stillen Atmosphäre des Hauses und der Landschaft gut ein. Die Abendandachten in der Kirche bereiteten die Konfirmanden unter Anleitung im Wesentlichen selber vor, hielten sie

---

33 Z.B. Verabschiedung eines langjährigen Mitarbeiters oder nach einem Familiengottesdienst, wenn sich das Essen mit einem Kinderprogramm am Gemeindehaus verbindet.

34 In Babke, Haus des Carolinums Neustrelitz.

35 „Aus die Maus?" – Was kommt nach dem Tod? Die Umsetzung erfolgt u. a. durch Klanginstallation, Schattentheater und szenisches Spiel.

mit Freude und Ernsthaftigkeit gleichermaßen, ebenso die Zeiten der Stille am Anfang der Andachten[36]. Das Feedback zur Freizeit war rundum positiv. Die Jugendlichen haben sich für diese Erfahrung bedankt, und wir haben für den nächsten Jahrgang das Haus bereits wieder gebucht. Auch dies ist eine „Frucht" des Sabbatjahres: Weniger kann so viel mehr sein.

2. **Gekeimtes** – Ich möchte es als das „Urlaubsphänomen" beschreiben. In dem Augenblick, wo das Alltägliche ruht, Aufgaben, die sonst erledigt werden müssen, nicht da sind, kommen Themen an die Oberfläche, die in ihrer Bedeutung genau diesen frei werdenden Raum brauchen, um bearbeitet zu werden. Und vielleicht hat unser Vielbeschäftigtsein, auch in den Gemeinden, in diesem Sinne auch die Funktion, Konflikte unter der „Decke" zu halten. Bei uns loderten zwei Konfliktherde auf. Zum einen war es die Band. Durch das System ihrer Finanzierung war sie hinsichtlich ihrer gottesdienstlichen Präsenz stark an unsere Gemeinde gebunden, obgleich die Mitglieder der Band in verschiedenen Gemeinden beheimatet sind und in unseren Gottesdiensten durchaus nicht immer die Zielgruppe der Bandmusik zugegen war. Damit waren Konflikte intendiert, die nun im Sabbatjahr von der Band zunächst intern besprochen und dann an den Kirchengemeinderat herangetragen wurden. Dieser Prozess war, auch aufgrund des hohen finanziellen Engagements Einzelner, nicht schmerzfrei, ist aber gelungen. Die Band ist nun „frei", musiziert in einer größeren Region und vor Gemeinde bzw. Publikum, das ihre Musik mag und finanziert sich eigenständig über ihre Auftritte. Die Präsenz der

---

36 Dies war zu Beginn der wöchentlichen Unterrichtsstunden leider nur selten der Fall.

Band in unserer Gemeinde ist dadurch geringer. Manche finden das schade, andere aber auch gut. Aber vor allem musiziert die Band wieder mit Freude[37]. Der Prozess der Lösung und Neuausrichtung der Band stand an. Das Sabbatjahr mit den vorbereitenden Gesprächen war Impuls, die Dinge zu klären, zum Gewinn für beide Seiten.

Ein anderer Konfliktherd war und ist die Partnerschaftsarbeit. Hier sind zentrale Themen zwar aufgebrochen, aber noch nicht geklärt. Nach 14-jähriger Gemeindepartnerschaft mit einer Kirchengemeinde in Tansania,[38] gegenseitigen Besuchen, viel Projektarbeit, schönen Erfahrungen und manchen Enttäuschungen hatten wir für das Sabbatjahr verabredet, uns über unsere grundsätzliche Motivation und weitere Perspektiven der Partnerschaftsarbeit zu verständigen. Umso erstaunlicher war dann, dass die Teilnahme an den verabredeten Treffen sehr gering war, obgleich kompetente Referenten interessante Impulse einzubringen hatten.[39] Eine wirkliche Bereitschaft zur Reflexion der bisherigen und Neuausrichtung der künftigen Partnerschaftsarbeit ist nur bei wenigen Mitgliedern des Tansaniakreises bzw. des Kirchengemeinderats vorhanden. Ich spüre Frustration und Resignation. Mich macht die Situation auf der einen Seite traurig, auf der anderen Seite erlebe ich sie aber auch als ehrlich. Wir verstecken uns nicht länger hinter halbherzig begleiteten Projekten, statt aufrichtig – auch mit den Partnern auf tansanischer Seite – darüber nachzudenken, ob denn die

---

37 Das war sehr schön zu spüren beim Konzert am 3.10.2014, dem ersten Konzert nach der Klärung, und zur großen Überraschung war die Kirche voll.

38 Chome Lutheran Parish in der Pare-Diözese der ELCT.

39 Pastorin Gabriele Mayer (Hamburg), die einige Jahre in der Kirche Tansanias gearbeitet hatte, war zu der Zeit als Vertretungspastorin in der Müritz-Region und dann auch als Vertretungspastorin in meiner Sabbatzeit in unserer Gemeinde tätig.

Gemeindepartnerschaft beim Stand der Dinge[40] auch ihre Zeit gehabt hat.

In anderer Weise gekeimt ist im Sabbatjahr unsere „Atempause"[41]. Im verabredeten Aktivitätsmuster[42] hatten wir uns vorgenommen, erstmalig im Rahmen der Kirchenöffnung ein regelmäßiges Mittagsgebet in der Marienkirche zu feiern. Aus dem Team der Kirchenöffner gab es einige, die bereit waren, diese Idee umzusetzen. Ein vorgeschlagenes Grundmodell wurde in der gemeinsamen Erprobung und in der Reflexion gemachter Erfahrungen ständig weiterentwickelt bzw. angepasst. Die „Atempause" als tägliches Angebot zu etablieren, war aufgrund unseres kleinen Teams, bestehend aus sieben Personen, nicht möglich. So wurde das Mittagsgebet von Mitte Juni bis Mitte September immer dienstags, mittwochs und freitags in der Kirche gefeiert und mehr von Touristen als von Gemeindegliedern wahrgenommen. Die gemachten Erfahrungen haben die Mitglieder des Teams motiviert, im nächsten Jahr weiterzumachen. Auch das ist eine Frucht des Sabbatjahres. Die Idee ist, weitere Ehrenamtliche für dieses Thema zu begeistern, sich als Team vor Beginn der nächsten Saison im Rahmen einer Besinnungswoche auf diesen Dienst vorzubereiten, damit auch in diesem Bereich wachsen kann, was im Sabbatjahr in guter Weise gekeimt ist.

---

40 Dazu gehört auch ein kommunikatives Defizit, wir erfahren seit dem letzten Besuch unserer Partner im Oktober 2013 nur noch sehr wenig zur Situation in der Gemeinde und zum Stand begonnener Projekte. Das erweckt den Eindruck, dass bei unseren Partnern das Interesse an einer Partnerschaft, wie wir sie bisher geführt haben, ebenfalls geringer geworden ist.

41 Dieser schöne Name hat sich nach Vorschlag von Vertretungspastorin Gabriele Mayer etabliert.

42 Siehe oben S. 147, Punkt 6.

3. Aber es gab auch viel **Geschenktes** im Sabbatjahr. Wir durften die Erfahrung machen, wenn wir *lassen,* und damit Räume eröffnen, entsteht Neues. So hat sich im Sabbatjahr aus den geweiteten Räumen für Begegnung und Gespräch das *Familiencafé* etabliert. Alle 14 Tage treffen sich nun Familien mit Kindern von der Geburt bis zum Vorschulalter in den Räumen des Gemeindehauses.[43]

Ein weiteres unverhofftes Geschenk wurde uns im Rahmen unserer Bemühungen zur Erneuerung der Glocken zuteil. Wir hatten beschlossen, im Sabbatjahr alle Aktivitäten um Baumaßnahmen ruhen zu lassen. Mitglieder des Posaunenchores, zugleich Kirchenälteste, preschten in ihrem „eigenen Tempo" allerdings vor und machten den Vorschlag, der Posaunenchor könne doch wenigstens ein Benefizkonzert machen. Der Vorschlag wurde diskutiert, dann allerdings mehrheitlich aus sachlichen Gründen,[44] aber auch unter dem Verweis, wir wollen bei den Verabredungen für die Sabbatzeit bleiben, abgelehnt[45]. Nur wenige Wochen später erhielten wir vom Glockensachverständigen der Westfälischen Kirche[46] einen Anruf mit dem Angebot, wir könnten von einer entwidmeten Kirche[47] ein Geläut mit fünf Glocken für unsere Kirche zu einem sehr günstigen Preis übernehmen. Ein statisch-dynamisches Gutachten hat inzwischen ergeben, dass die Glocken perfekt in unseren Turm passen. Durch den günstigen Kaufpreis können wir jetzt sogar

---

43 Die inhaltliche und organisatorische Leitung hat Gemeindepädagogin Susanne Tigges.

44 Es gab bis dahin kein wirkliches Konzept, keine Kostenvoranschläge etc., was für eine entsprechende Öffentlichkeitsarbeit notwendig gewesen wäre.

45 Sitzung am 31.1.2014.

46 Claus Peter.

47 Martin Luther Kirche in Marl-Hamm (Recklinghausen).

die Erweiterung des Geläuts auf insgesamt sieben Glo-cken[48] planen (Sabbatgeläut). Für mich ist diese Dynamik im Geschehen von besonderer Bedeutung, ja ein Wunder: Wir nehmen uns zurück und vertrauen darauf, es wird wer-den. Und Gott lässt Größeres geschehen, als wir zu planen gewagt hätten.

Nun kann man auch denken: Alles Zufall! Nach der Defi-nition von Max Frisch mag das stimmen: „Zufall, das Fällige, das uns trifft." Aber was fällig ist, entzieht sich unserem Tun, ist vielmehr Sache der Wirkmächtigkeit Gottes.

Insofern war es wohl auch fällig, dass uns im Sabbatjahr besondere Losungsworte bzw. Predigttexte begleiteten. So staunten wir z. B. nicht schlecht, als wir die Herrnhuter Losung für den 1.1.2014 lasen: *„Ich gab ihnen meine Sabbate zum Zeichen zwischen mir und ihnen."*[49] Und am letzten Sonntag des Kirchenjahres, also am Ende unseres Sabbatjah-res, war entsprechend der Perikopenordnung[50] über einen Abschnitt aus dem Hebräerbrief mit dem folgenden Vers zu predigen: *„Wer zu Gottes Ruhe gekommen ist, der ruht auch von seinen Werken so wie Gott von den seinen."*[51]

Inzwischen hat das Sabbatjahr vom zeitlichen und litur-gischen Rahmen seinen Abschluss gefunden. Aber es wirkt weiter: positiv, entlastend, segensreich.

Als Kirchengemeinderat hatten wir vor dem Beginn des Sabbatjahres einen von Gemeindeberatern moderierten **Evaluationsprozess** verabredet. Dieser hat mit der Klausur-

---

48 Das Angebot für einen Neuguss von zwei neuen Glocken zur Rahmung des Fünfergeläuts liegt bereits vor und ist voraussichtlich zu realisieren.

49 Hes 20,12; dazu der Lehrtext: Jesus sprach: „Ich bin gekommen, damit sie das Leben und volle Genüge haben sollen." Joh 10,10.

50 Gedenktag der Entschlafenen.

51 Hebr 4,9-11.

tagung des Kirchengemeinderates[52] im November auch begonnen, wird aber im Frühjahr fortgesetzt. In einem ersten
Schritt haben wir verabredet, was wir von den gemachten
Erfahrungen des Sabbatjahres für die Zukunft bewahren
möchten. Das nehmen wir aus dem Sabbatjahr mit:

1) Raum und Zeit für Seelsorge und Begegnungen sind uns
   wichtiger als eine Vielzahl von Veranstaltungen oder besonders aufwendig in Szene gesetzte Gemeindeveranstaltungen.

2) Wir können Dinge verändern, verschlanken oder auch
   weglassen, ohne damit das Gemeindeleben als Ganzes
   zu gefährden. Wir tun dies im Vertrauen darauf, dass
   Gott in unserer Gemeinde auch dann handelt, wenn wir
   mit unseren Kräften haushalten/nach einem weisen
   Maß suchen.

3) Wir wollen uns daran erinnern: Im Lassen entsteht
   Neues.

4) Gemeindewachstum ist für uns nicht nur eine Frage der
   reinen Mitgliederzahlen (horizontale Ebene der Gemein-
   deentwicklung), sondern kann sich ebenso oder sogar
   stärker in der Lebendigkeit und Tiefe des geistlichen
   Lebens oder einer positiv ausstrahlenden Gemeindeatmosphäre darstellen (vertikale Ebene der Gemeindeent-
   wicklung).

5) Für unser gottesdienstliches Leben der Gemeinde sind
   klare und verlässliche Strukturen mit regelmäßig wie-
   derkehrenden und gut kommunizierten Gottesdienst-
   zeiten von besonderer Bedeutung.

6) In unseren Gottesdiensten wollen wir Raum bieten für
   eine vielfältige musikalische Gestaltung, einen lebendigen Gemeindegesang aber auch für Zeiten der Stille und

---

52 07.–09.11.2014 in Graal Müritz.

Rituale der Einkehr. Kinder und Familien sollen spüren, dass sie herzlich willkommen sind.

7) Es ist wichtig, dass wir uns in der Kirchengemeinde bei den vielen Ideen und Aufgaben nicht überfordern. Vor der Jahresplanung für das jeweils kommende Jahr wollen wir auf die Erfahrungen der vergangenen zwölf Monate schauen. Dabei stehen grundsätzlich alle Veranstaltungen auf dem Prüfstand. Wir werden uns fragen: Was ist für uns unverzichtbar und was können wir für eine Zeit oder ggf. auch ganz lassen?

8) Wir wollen uns den Mut erhalten, auch in Zukunft Neues auszuprobieren. Die Offenheit für Ideen und Impulse von außen wollen wir uns bewahren. Bevor wir uns aber zur Umsetzung von Ideen entscheiden, werden wir den gesamten zu erwartenden Aufwand in den Blick nehmen und dann auch davon unsere Beschlüsse abhängig machen.

9) Grundsätzlich haben bei uns alle ehren- und hauptamtlichen Mitarbeiterinnen und Mitarbeiter (entsprechend den dienstrechtlichen Regelungen) ein Recht auf eine Auszeit.

In weiteren Schritten des Evaluationsprozesses wird es um langfristige Ziele der Gemeindearbeit gehen. Dabei wird zunächst die gewichtige Frage der Gemeindeidentität zu besprechen sein, bevor dann die nicht minder heikle Frage nach Intensität und Formen der Zusammenarbeit mit der evangelisch-lutherischen Nachbargemeinde St. Georgen zur Klärung gelangen kann. Aber auch die Frage, wie viel ehrenamtliches Engagement erwartet der Kirchgemeinderat von den hauptamtlichen Mitarbeiterinnen und Mitarbeiter, wurde bereits als Thema für den weiteren Prozess der Gemeindeberatung benannt. Eine besondere Dynamik wird der Evaluationsprozess wohl zudem durch meinen Stellenwechsel bekommen,[53] da der Prozess der Stellenausschreibung auch an die noch offenen Fragen rühren wird. Ich wünsche der Kirchengemeinde sehr, dass dieser Umstand die weitere Klärung im Prozess eher beschleunigt als behindert.

Abschließend möchte ich auf eine wichtige Rahmenbedingung für die Durchführung des Sabbatjahres verweisen. Im Prozess der Vorbereitung, Durchführung und Evaluation des Sabbatjahres haben wir ausnahmslos die Unterstützung von kirchenleitenden Persönlichkeiten erfahren. Das war motivierend und stärkend zugleich[54]. Aber auch die Impulse vom Gottesdienstinstitut der Nordkirche (Hamburg), der Vertretungspastorin Gabriele Mayer und die Begleitung durch die Gemeindeberater vom Zentrum für kirchliche Dienste des Kirchenkreises Mecklenburg (Rostock) haben uns sehr geholfen.

Last but not least geht aber ein großer **Dank** auch an die Schwestern und Brüder der Nachbargemeinde St. Georgen, die Verantwortlichen der anderen christlichen Gemeinden in Waren sowie an die Kolleginnen und Kollegen in der Müritz-Region. Das Mittragen eines solchen Projektes durch Schwestern und Brüder ist m. E. Voraussetzung für einen gesegneten Ertrag und zudem eine schöne wie starke geistliche Erfahrung.

„Wir sind dann mal bei uns." – Das war unser Motto, mit dem wir gestartet sind. Wir haben das nicht immer, aber im Wesentlichen doch gut durchgehalten. Und gerade darin

---

53 Ich wurde mit Beschluss des Kirchenkreisrates vom 21.11.2014 zum 01.03. 2015 auf die Stelle der Kur- und Krankenhausseelsorge in der Müritz-Region berufen.

54 Sowohl Pröpstin Christiane Körner (Neustrelitz) als auch Bischof Andreas von Maltzahn (Schwerin) haben uns ausdrücklich zum Gemeinde-Sabbat-Jahr ermutigt.

waren wir dann nicht nur bei uns, sondern auch bei unseren Nächsten mit ihren Erfahrungen und Fragen, mit ihrem Suchen, wie eine gute Balance zwischen Kreativität und Rekreation, zwischen Gestalten und Sich-Beschenken-Lassen – kurzum zwischen Arbeit und Ruhe – gelingen kann.

Ich bin dankbar für dieses besondere Jahr und hoffe, dass es sich auch im „Nachklang" für die Kirchengemeinde als segensreich erweist und die Freude am Herrn in uns stärke[55].

---

55 Neh 8,10.

Autorinnen und Autoren

Barbara Bauer,
Oberkirchenrätin, Leiterin des Referates 7 (Geschäftsführung und Finanzen) im Evangelischen Oberkirchenrat der Evangelischen Kirche in Baden, Karlsruhe

Sabine Bobert,
Prof. Dr., Professorin am Institut für Praktische Theologie der Christian-Albrechts-Universität Kiel

Peter Burkowski,
Pfarrer, Geschäftsführer der Führungsakademie für Kirche und Diakonie (fakd), Berlin

Christhard Ebert,
Pfarrer, Theologischer Referent im EKD-Zentrum für Mission in der Region, Dortmund

John Finney,
Bischof em. der Kirche von England, Newark/GB

Andreas von Heyl,
Prof. Dr., Pfarrer, Leiter der Fortbildung in den ersten Amtsjahren der Evangelisch-Lutherischen Kirche in Bayern, Neuendettelsau

Kristina Kühnbaum-Schmidt,
Pröpstin, Regionalbischöfin im Sprengel Meiningen-Suhl der Evangelischen Kirche in Mitteldeutschland, Meiningen

Hans-Hermann Pompe,
Pfarrer, Leiter des EKD-Zentrums für Mission in der Region, Dortmund

Leif Rother,
Pfarrer, ehemals an der St. Mariengemeinde zu Waren (Müritz), jetzt Krankenhausseelsorger in Waren (Müritz)

Verweise auf Erstveröffentlichungen

Bobert: Auszug mit freundlicher Genehmigung der Verfasserin aus: Sabine Bobert, Mystik und mentales Coaching mit MTP – Mental Turning Point®, 2. überarbeitete Auflage, Kiel 2015.

Burkowski: Erschienen in der Zeitschrift für Organisationsentwicklung und Gemeindeberatung, Heft 15, 2015.

Ebert: Überarbeitete und erweiterte Fassung des in der epd-Dokumentation 5/2015 erschienenen Artikels.

Die Artikel von *B. Bauer*, *J. Finney*, *A. von Heyl* und *K. Kühnbaum-Schmidt* erschienen bereits in der epd-Dokumentation 5/2015.